乡村教育拾贝

吴 洁 著

南京师范大学出版社

图书在版编目（CIP）数据

乡村教育拾贝 / 吴洁著. -- 南京 ： 南京师范大学
出版社，2025. 5. -- ISBN 978-7-5651-6972-4

Ⅰ. K825.46

中国国家版本馆CIP数据核字第2025N3L256号

书　　名	乡村教育拾贝	
著　　者	吴　洁	
责任编辑	杨佳宜	
出版发行	南京师范大学出版社	
地　　址	江苏省南京市鼓楼区北京西路 72 号（邮编：210024）	
电　　话	（025）83598919（总编办）　　83598319（营销部） 83598332（读者服务部）	
网　　址	http://press.njnu.edu.cn	
电子信箱	nspzbb@njnu.edu.cn	
照　　排	南京凯建文化发展有限公司	
印　　刷	江阴金马印刷有限公司	
开　　本	880 毫米 ×1230 毫米　1/32	
插　　页	6	
印　　张	10	
字　　数	206 千	
版　　次	2025 年 5 月第 1 版	
印　　次	2025 年 5 月第 1 次印刷	
书　　号	ISBN 978-7-5651-6972-4	
定　　价	58.00 元	

出 版 人　张　鹏

● 童年的我和奶奶合影，这是一张难得的"老照片"。

● 1989 年，我们全家在华西农民公园里合影留念。

我和妹妹跟爷爷合影。

吴洁同志在全省"三八"国际劳动妇女节纪念大会上作精彩演讲
2007.3.8

2007 年 3 月 8 日，我在江苏省"三八"国际劳动妇女节纪念大会上发表演讲。

● 2010 年，时任教育部副部长李卫红到华西实验学校参观。

● 2013 年，华西实验学校聘请华东师范大学教授陈玉坤为名誉校长。

🔸 2016 年，我去丹麦参观考察当地学校。

🔸 2019 年，我参加第四届中国学前教育高峰论坛。

🟠 华西实验学校建校五周年，我和大门入口处的"诚"字石碑合影。

🟠 我在青年教师读书交流会上发言。

🍊 我把女教师座谈会开到家里，大家一边吃喝一边畅谈工作。

🍊 我带领华西实验学校的老师们去重庆珊瑚中学学习考察。

🔸 我经常和幼儿园的小朋友一起做游戏。

🔸 学生们参观吴仁宝纪念馆，我给他们讲解每张照片背后的故事。

在华西实验学校，我给学生上戏曲课。

云南石登中学的师生给我写来了数封情真意切的信件。

序（一）

　　江苏省江阴市华西村，改革开放后成为社会主义新农村的典范，曾获得"全国文明村镇""全国文化典范村示范点"等称号，被誉为"天下第一村"。吴仁宝老书记的长孙女吴洁同志希望我为这本以她与华西基础教育的情缘为主题的作品写点东西，荣幸之余，我也确感有为华西教育写一点东西的必要：一则是我在教育部机关党委工作期间，把华西村设立为教育部机关干部党性与国情教育基地；二则是后来我到基础教育司工作后，几次到华西村学习调研，对华西村的基础教育有一定的了解。

　　吴洁同志是华西村本土人，长期受益于华西教育，工作后，又一直奋战在华西教育战线上，从华西幼儿园园长开始，2006 年担任华西实验学校党支部书记。可以说，吴洁同志是华西基础教育发展的受益者、见证者，也是华西基础教育建设的推动者、领头人，她为华西基础教育付出了半生心血，成绩可圈可点。

华西基础教育的特色何在？对我国社会主义新农村教育的发展有何启示意义？作者没有直接给出生硬的"标准答案"，而是以生动的自叙传的形式，忆华西教育过去的事，思华西教育现在的得，凝练"华西教育经验"，展示"华西教育特色"，探华西教育未来发展道路，这是本书主题之所在，也是其价值之所在，灵魂之所在。

华西基础教育的发展，始终得益于华西乡村的振兴发展。

华西人历来重视教育，坚持"鼓了钱袋子，不忘小孩子""既要富口袋，更要富脑袋"，在每个历史阶段都舍得投入办学校。20世纪六七十年代起，村党支部为化解村民托管孩子之忧，建起了家庭式托儿所。随着经济条件的不断改善，华西村持续把真金白银投向教育，用真情实意谋划教育，真抓实干发展教育。1975年，华西村建成当时江阴市最高的建筑——两栋分别为四层和五层高的楼房，命名为"教育大楼"，开办农民夜校和各类培训，并正式开办托儿所、幼儿园和中小学。1998年，华西村幼儿园独立办园；2001年，投资800多万元完成新楼建设；2018年，投入3000多万元实施幼儿园二期工程。

2007 年，随着华西村规模的不断扩大，村里又一次性投入 1.5 亿元，以"20 年不能落伍"的标准，由八个施工队昼夜施工，三代华西人忘我投入，仅用十一个月的时间，就建成了占地 206 亩、可供 4000 余名学生就学的江阴市华西实验学校，撤并原来的两所农村初中、两所农村小学，改变了多年来"小而散、小而差"的办学格局，形成了集小学部、初中部和职高部于一体的新格局，实现了华西教育的"华丽转身"。

华西村还制定了一系列政策措施，鼓励支持孩子们接受教育。对于初中毕业以后读职高的学生，村里发放助学金鼓励他们学习职业技术。华西村积极加强对外交流，不少华西子弟在集体支持下出国留学深造，学成回到家乡创业。

近些年来，我国农村教育取得长足发展，但对于面广量大的农村学校而言，布局不佳、投入不足、资源有限、师资短缺依然是亟待解决的突出问题。改变乡村教育面貌，亟需社会各界重视教育、支持教育、投入教育，这是华西教育发展的重要基础，也是华西村给我们的有益启示。

华西基础教育的方向，始终服务于华西乡村的人才成长。

对教育，华西人的认识很朴素，又特别真诚。吴仁宝说："有了人才，有了知识，现在的资产少一点，今后也能发展得多一点。人才知识跟不上队，接不上班，现在的资产再多，今后也会变得越来越少。"华西村不断投入教育、支持教育，教育发展又为经济发展提供了强大的动力，推动了华西村的经济社会发展迈向更高水平。

乡村振兴最终要靠人才，而人才的培养离不开教育。学校作为孩子们接受教育的主要场所，是提升乡村人口素质、奠定乡村人才资源的基础，在很大程度上决定了乡村社会的未来发展。华西教育发展为当地培养了大批人才，也改变了村民的精神状态，提升了地方的文化质态。

新时代的华西村喊出了"不以华西为世界，而以世界为华西"的口号。来自五湖四海的创新和建设人才，源源不断涌入华西村。据统计，截至2023年，华西村39%的企业高管、59%的中层干部都来自外乡，员工队伍中更有超过92%是外来人口。华西基础教育服务的对象，近七成都是外乡人。多年来，华西教育的高质量发展，为培养、吸引、留住服务乡村产业发展的人才，解决乡村振兴人才后顾之忧出了大力。

吴洁是纯正的华西人，她肩上始终扛着华西教育，眼睛始终瞄着华西未来，她确立了"课堂教学向课后延伸、学校教育向家庭拓展、教育教学向服务转型"的"全方位、大时空"的教育模式，保障了教育质量的稳步提升。她把加强教师队伍建设作为华西乡村教育振兴最重要的基础工作来抓，不断提升教师队伍专业水平，提高教师队伍生活待遇，引导华西教师队伍锻造形成了一种独特的价值观与职业观。可以说，吴洁同志为华西基础教育的高质量发展所做的点点滴滴，都是服务华西乡村振兴的民生后院，都是服务华西乡村振兴的人才战略。如今，华西教育培育的全新一代的华西人，正在华西乡村振兴中勇毅前行、开创未来。

华西基础教育的理念，始终立足于华西乡村的资源优势。

华西村的教育始终坚持全面育人，特别是注重利用本地资源发展素质教育。

一是德育课程注重区域特色。本着"布局要高远、更要接地气"的课程建设总原则，以"用华西景熏陶孩子，用华西话感染孩子，用华西人引领孩子"的思路，展现华西创业历程的"循迹长廊"，全面营造地方气息浓郁的环境文化，帮助学生树立正确的世界观、人生观、价值观；以"星级华西娃""华西好少年""华西好青年"等多样评价为导向，以"华西娃看华西""华西娃爱华西""华西娃建华西"系列教育活动为载体，让华西文化走进学校、走入课堂、走近学生，增强学生为创造美好明天的责任感；持续开展"吴仁宝班"团队主题创建活动，宣传老书记"一心为集体、一生为集体"的精神，增强学生的团队意识、集体观念，让团队、集体成为一种促进学生全面健康成长的强大教育力量。

二是劳动教育注重农村特色。华西人对于通过辛劳的汗水改天换地、摆脱贫穷落后有着难以磨灭的鲜活记忆，华西的学校地处农村，开展生命生态主题教育有着得天独厚的优势。吴洁同志充分挖掘华西校内外资源，以10余亩校内小农场和华西村农博园为基地，聘请校外专业技术人才开发种植养殖实践课程，让学生走进实践基地，亲手参与种植养殖，体验劳动过程，感受生命的力量；让学生参与农业实验，利用无土栽培技术种植蔬菜和水果，感知科技的力量；让学生参与"采摘节""收获季"等各类活动，体验收获的喜悦。华西村学校还充分利用区域优势，组织职高部学生深入工厂企业，开展环境微课题研究。吴洁同志大力倡导、努力推动的生命生态主题课程，培养了学生的动手能力、科学兴趣和现代意识，也增强了学生的学习热情，丰富了学生的校园生活体验。

三是社团活动注重传统特色。"人人有爱好，个个有技能"是华西教育的重要特质。植根于丰厚的地域文化、传统文化，为促进学生全面而有个性的发展，吴洁同志大力倡导具有传统特色的社团活动，通过聘请校外专业人才担任兼职教师，形成了国学经典诵读、二胡锡剧弹唱、武术体操、抖空竹等项目特色课程。社团活动的开展，激发了学生的兴趣，提高了其综合素质，培育了一批又一批既有文化底蕴又有时代气息的时代新人。

乡村振兴必先振兴乡村教育，乡村教育是中国教育的"神经末梢"，也是重要阵地。华西教育既是全国乡村教育的一个缩影，也是全国乡村教育的一面镜子。千万个华西一样的乡村教育做好了，一定程度上来说，全国的基础教育也就做好了。新时代新征程中，期待吴洁同志和华西教育人继续挺膺担当，接续奋斗，为新时代建设教育强国注入更多华西力量。

吕玉刚

中国教育学会常务副会长

教育部基础教育司原司长

序（二）

"千呼万唤始出来"，吴洁老师的书终于写成了。可喜可贺！

这是一首教育诗。吴洁十分会讲故事，娓娓道来，如清澈的溪流，潺潺流淌。在她的教育诗中，我们看到"建学校""上学校""办学校"三个篇章。"建学校"写了华西托儿所、幼儿园，以及小学、初中、农民夜校是怎样建起来的，大多以她的爷爷吴仁宝老书记为主人公；也记叙了她自己作为主政者参与学校建造设计的事情，让人感受到她的用心、用情。"建学校"主要是她爷爷基于孩子的需要、乡亲们的需要所做的决策，也有她参与学校建设时对教育的理解和审美趣味的表达。"上学校"则是回放了她接受学校教育，以及作为学校主政者接受的高端培训。"办学校"讲的是吴洁自己作为幼儿园园长、实验学校党支部书记办学管理的经历，包括如何由乱而治；如何打开校门"请进来、走出去"；如何"五育"并举，办出活力；如何为老师的成长创造关键事件。读了如同品尝橄榄，清爽甘甜，余味绵长，可谓是活的"教育学"。

这是一段成长史。吴洁的讲述让读者目睹了她的成长历程，如果也分三个篇章，那就是她接受的家庭教育、接受的学校教育、作为师者和学校管理者的自我教育。在家庭教育中，她是泡在蜜糖里长大的，她是爷爷奶奶的第三代中第一个来到人世间的孩子，爷爷奶奶对她的爱怜程度可以想见。好在爷爷奶奶对她施行的不是放任式的教育，而是引导式的，在她幼小的心田就撒下了真善美的种子。她接受学校教育时，一路顺着走，用顺风顺水概括不为过分。她作为师者，作为学校管理者，把岗位当作历练的平台，在日常工作中架设成长的阶梯。特别是在落实立德树人根本任务时，吴洁贯通时代精神与吴仁宝精神，她自己就是"身为范、学为师"的；她用诚意和坦荡处理同事关系，在这个过程中，也在不断修炼"令人惬意的品质"（诺丁斯语）；她在学中做，做中学，练就学校管理的"十八般武艺"；她贴近儿童的需要，呵护儿童稚嫩的心灵，努力让学校"到处流淌着奶和蜜"，而自己也努力以美立身……当然，她向往的未必都能实现，努力的未必都能成功，但取法乎上，心向往之，她总是在推动事业进步和人生进阶。

这是一瓣心香。在一定意义上，吴洁是为爷爷写的这本书。无论哪个部分、哪个故事，都闪现着吴仁宝老书记的身影。"地创高产出，人创高素质""鼓了钱袋子，不忘小孩子"，正是老书记有了这样的认识，才有了华西的幼儿园、华西的学校、华西的教育。无论"建学校"，还是"上学校"，乃至作为管理者"办学校"，吴洁都有属于她自己的"老天爷"的眷顾。这个"老天爷"就是对孩子充满大爱、对长孙女充满挚爱的老书记。老书记走了，但老书记的精神是吴洁、是华西教育、是华西人永远的宝藏。吴洁现在主持江阴市吴仁宝研究会的工作，就是要让老书记的精神薪火相传，永远照亮华西。吴洁写自己与华西教育的故事，本质上是写她、写华西教育与老书记的故事。从字里行间，人们能感受到吴洁时有沉吟和泪目。好在有这样的孙女，老爷子在天国也会很欣慰。

杨九俊

江苏省教育学会原会长、特级教师

目　录

第一章

家世故里

一碗糯米粥

"你出生那天，老书记给我们这一排邻居每家都送来一碗糯米粥，我们一直都记得。"很多以前的老邻居，到现在还会跟我说起我爷爷给他们端过去的那碗糯米粥。

那是一碗怎样的糯米粥，能让邻居们五十多年来一直记在心上，还令他们时常想起我爷爷当年那喜悦又客气的神态。

我出生于 1972 年 7 月，盛夏里，也是农忙的时候。那个年代的农村，产妇很少去医院生孩子，都是把接生婆请到家里。我母亲在房内焦急而痛苦地待产，奶奶在厨房熬糯米粥，一些亲戚和邻居也放下手里的活过来帮忙。爷爷嘱咐几个女邻居给母亲扇扇子，他在屋外不停地追问："生了吗？"

我是吴家第三代里第一个出生的孩子，不仅在我们家族，在整个村里都是大家关注的事情。

我的爷爷吴仁宝，是那个带领华西成为"天下第一村"的人。我出生那年，正好是华西建村，也是我爷爷担任大队党支部书记迈过的第一个十年。我出生时，十年前的泥垛墙、茅草棚、泥泞土路早已看不见。

很难想象，华西村刚成立的 1961 年是什么样的情景。那个时候，我们村还叫华西生产大队，直到国家取消人民公社后，华西大队才更名为华西村。那时华西面积不过 0.96 平方公里，全村 158 家农户、667 口人总共只有 800 亩耕地，交税 0.85 万元，人均年收入 53 元。社员"吃粮靠集体，用钱靠自己"，地薄、队穷、人心散。"高田岗低田荡，一到下雨两茫茫"就是当时的真实写照。

可是，这个仅有我国国土面积千万分之一的小乡村也从此走向了不可估量的发展之路。

我爷爷就任华西大队党支部书记后的第一件事，便是定下工作总基调：因地制宜、实事求是。

小小的华西大队范围内，除了住房和荒地，留给水稻种植的农田并不多，而在按人头分田地的政策下，这些农田又七零八落地划分成了超过 1300 块的田字格。如果要实行大面积的增产增收，这样的农业布局肯定是行不通的，必须进行大面积的改造规划。

我爷爷带领村民们起早贪黑，大家齐心协力，修水渠、建电站，他还召集村里的"耕作能手"前往其他农业示范村学习经验、引进优质农作物。那时候，村里有"青少年战斗队"和"铁姑娘战斗队"。他们干起活儿来不分昼夜，开夜工种田也是时常有的事。劳动一天下来，小伙子们每个人要吃掉三斤米饭。原来1300多块靠天吃饭的土地，经过七年多的时间改造成了400多块能排能灌、高产稳产的优质大田。

1968年起，《人民日报》、新华社等主要媒体的记者纷纷走进华西，报道我爷爷带领华西人民学经验、搞改革的"典型"之路。这些文章和荣誉为其他地区农业改造树立了榜样。

经过十年的挑灯夜战和"与天地斗"，到我出生这一年，也就是我们村提出"十五"规划后的第八年，华西大队粮食达到亩产2100斤，实现了吨粮田的目标，成为"田成方、柳成行，亩产超吨粮"的农业样板村，村民们已经解决了温饱问题。"农业学大寨，江苏学华西"，华西村开启了"高光时刻"。

我们华西的村民们吃饭虽然不成问题了，但是彼时的中国，还有很多人吃不饱饭。我们华西村多种粮就能给国家多上交公粮，可以帮助其他地方的人吃饱肚子。老人们说，我们华西那个时候种两季稻和一季麦，以粳米和籼米为主，围着田埂还要种一圈黄豆、大豆等粗粮作物作为补充，不浪费一丁点儿土地。

在这种情况下，村里自然不会大量种植产量较低、不能作为主食的糯米。只有少量人家里有糯米，就显得特别金贵。对于干农活儿的人来说，糯米就是很有营养的东西，都只在特殊的日子才舍得吃。大喜的日子里,人们就用糯米碾成粉,做成糯米团子。现在看来,糯米和大米的营养成分差别不大,但那个时候就是"物以稀为贵",人们很难吃到,它就显得珍贵了。

我出生那天,我奶奶早早地就拿出了家里仅有的一点糯米,添加上比糯米还珍贵的红糖熬了一大锅粥。等我发出洪亮的哭声宣告我的到来时,我爷爷立马喜滋滋地给邻居们送去一碗甜蜜又黏稠的糯米粥。

我奶奶生了四个儿子和一个女儿,爷爷奶奶对唯一的女儿极其疼爱。十六年后,又有了我这个大孙女,他们把对女孩子的所有喜爱都倾注到了我身上。这一碗糯米粥,传递的不仅是将好吃的东西与大家一同享用的心情,更是爷爷无比欢欣的体现。

谁也没想到,华西村的教育大业竟然肇始于我的到来。

兴建教育大楼

刚刚解决温饱问题的华西村，没有托儿所，更没有幼儿园。

很多人家里大人白天外出干农活儿，小孩就没有人管了，特别是一些家里没有老人帮忙的，除了带到田地里去就实在没有其他更好的办法了。刚出生不久的孩子可以让他在摇篮里躺着，但是会走路的孩子如果没有大人跟在身边，就很难保证他们的基本安全。

有的人家不得已，为了不让孩子乱跑，出去干活时就把他们绑在家里的桌腿上。我也有过类似的经历。母亲告诉我，在我还五个月大的时候，家里没有大人照顾，我只能自己躺在摇篮里。大人们中午干完农活儿回来，看见一只大公鸡正在我的额头上拉屎，鸡爪再往下一点点就是我的眼睛了……

这件事发生后，家里人都后怕不已，我爷爷由此也想到了其他村民家的孩子。于是，村里从那时开始建起了家庭式托儿所。最开始先是选出一户人家作为看管点，全村适龄幼儿，尤其是家里没有老人帮忙看管的孩子都集中到那里去，再安排几个中年妇女过去负责专门照顾，管孩子们吃喝，进行最基本的看管。

随着村里经济条件逐渐有了改善，我爷爷立刻把多余的钱拿出来投向教育。1975年，爷爷组织全村建造了当时江阴市最高的建筑——两栋分别为四层和五层高的楼房，起名为"教育大楼"。四层那栋，主要用来培训村民，开办农民夜校和各类培训班；五层那栋，一楼就是我们村最早的幼儿园和托儿所，楼上则是中小学。

我们正逢其时，甚至稍稍领先于时代。1977年，邓小平同志主持恢复了全国统一高考，教育恢复常态。这一年，有570万考生参加了高考，成为教育改革的重要标志。

我又何其幸运啊，赶上了村里兴办的教育大楼，并随之进入华西最重视教育的年代。

气派的教育大楼建好了，去哪里找来这么多能上课的老师呢？爷爷想到了正在村里"上山下乡"的知青。为了鼓励他们参与到华西的教育事业中，爷爷拿出了村里和家里的最大诚意。当年很多地方生活还非常清苦，村小老师日常用餐一般是自己准备灶具、餐具，轮流做饭，最后将柴米油盐的费用进行平摊。在我们华西村则是另一番景象，我爷爷安排老师们到大队招待所免费用餐，而且每一餐都要保证荤素搭配，务必让老师们吃饱、吃好。爷爷说："我们村民每个人筷子头上省一点，老师们就可以吃好了。你们老师都是有知识、有文化的人，你们教育好了我们的孩子，我们农民才不会一代一代都赤脚走在田埂上……"

四十多年后，我与当年的老教师们一起座谈，他们当中的好几位都是 1975 年响应国家号召分配到我们村的。陈老师告诉我，她的领导当时跟她说，华西大队是农业学大寨的样板，所以把思想正、专业强的十几名优秀毕业生分配到华西学校当老师。

陈老师因为个头高，还加入了村里的篮球队，别的老师一个月分配 24 斤粮食，她能分到 36 斤。"其实是吃不了的。"陈老师想起那些年在华西度过的青春，满脸笑容。一位老教师回忆，还有的优秀教师通过来华西"支教"两年，回去就可以调动到他们心仪的单位去。

正是我爷爷和老一辈华西创业者们对教育的重视和对人才的渴求，上级部门对我们村予以高度支持。当华西取得举世瞩目的成绩后，我爷爷经常把一些退岗多年、已经七八十岁的老朋友们请到华西小住、叙旧，尤其是后来每一次华西的村庆活动，必定会把他们接过来。爷爷总是亲力亲为考虑好方方面面的接待事宜，用最大的诚意招待这些华西曾经的贵人。我们忘不了，是他们当年的付出，撑起了华西最初的教育事业。

我的小小新世界

进入幼儿园，我来到了另一个新世界——与家完全不同的地方，我那爱好新鲜、充满好奇的小脑袋简直要忙不过来了。在这里有我最羡慕的小红花队，他们不仅每天都可以唱唱跳跳，还能见识到各种场面和外来嘉宾。我期待自己也能快快长大加入进去，成为他们中的一分子。幼儿园那令人百听不厌的小广播站，让我充满了对未知事物的幻想。

20 世纪 70 年代中期，华西村已经成为"农业学大寨"的典型。1976 年 10 月 1 日，华西经国家有关部门批准，正式对外开放。华西从此迎来了各地络绎不绝的参观者，据统计，当年共接待了 35 个国家和地区的来宾，计 841 人。

为了让迎接活动看起来更隆重和规范，我们幼儿园的每个小朋友都有一套专门的服装。服装有红色和绿色两种，我的是绿色背带裙和白色衬衫。老师会把服装都叠好分别放在塑料袋里，并装有写着小朋友姓名的纸片。虽然我们还没上小学，但对于自己的名字都是认识的。这都得益于村里墙上写满的那些标语，比如"农业学大寨，工业学大庆"等，大人们会给我们念，我们就靠认标语竟也识得了不少字。

我们的欢迎队伍有时会在村里的大道上，有时分两排站在操场里，下雨天则直接排在走廊里。小朋友们手里举着皱纹纸做成的大红花，客人还在很远的地方时，就开始高声喊着："欢迎，欢迎，热烈欢迎！"直到他们走远看不见背影才停止高呼。

客人们来了一批又一批，这样的欢迎仪式我们做了一次又一次，我总能乐在其中。我尤其记得摄制组在幼儿园拍摄小朋友们做游戏那一次，整个拍摄反复了好多遍。灯光打在空旷的教室里，我们十几个小朋友围一圈做"猫捉老鼠"的游戏，完全不被周围环境影响，也没有人觉得累或者想要放弃。

或许就是从小见惯了各种场面，从小拥有对华西的自豪感，我才一路走来都是那么自信满满、宠辱不惊。

我每天都高高兴兴地去幼儿园，最盼望的事情就是听广播。小小的我一直以为广播站里有个漂亮的姐姐，每天都用那婉转动听又铿锵有力的声音给我们喊口令，根本不知道那是一盘磁带的魔力。我开始幻想着等自己长大后也要成为广播站里的"那个姐姐"。

　　我上幼儿园那个时期，正是村里各种文艺活动开始丰富起来的时候，村里的大会堂因此而热闹非凡。那时的华西真好啊，三天两头就有表演。每逢有武术表演和唱大戏，我自然就是那里最忠实的小观众。

　　武术队的哥哥姐姐们经常穿着统一的运动服在大会堂的舞台给大家表演节目，我每次都能看得津津有味。最喜欢看的是一个矮个子男孩的棍棒表演，他模仿的孙悟空惟妙惟肖，简直就是个活生生的齐天大圣在我眼前，他的表演总能把全场观众逗得哈哈大笑。

　　武术队队员们精彩的表演同样征服了村外的观众和大赛的裁判。我们村的武术队外出参加比赛，多次获得省级奖项，其中三位队员还因武术特长考上了大学，这在那个年代的华西村真是了不得的大事。他们后来还在村外的学校当上了体育老师，让我羡慕不已。

　　我爱看武术表演还因为我三叔也在其中呢。他参加的虽然只是集体演出，但我也是要去给他捧场的。每次只要看到三叔出场的时候，我就会很自豪、开心，甚至兴奋地跳起来为他欢呼。

　　武术队队员让我羡慕的不仅是他们精彩的武艺表演，还有他们每天清晨练功后都能得到一个大包子做奖励。那个年代，村里的普通家庭很少和面做大包子吃，最多就是摊个面饼。我总觉得面饼没有大包子好吃，所以看到他们每天有大包子吃，心里就盼着自己快点长大，可以参加武术队，这样就可以每天吃大包子了。

其实，我们这里把有馅的称作馒头，没有馅的才叫大包子。跟很多人不一样，我就偏爱没有馅的大包子。因为惦念着大包子，我对村里的农忙也印象深刻。

奶奶那时在街上的纺织厂上班，不过农忙的时候就会回村里帮忙。在今天华西老人们的记忆里，农忙是最最辛苦的，收割、翻地、新一轮的播种，一整个流程下来，大人们几乎脱掉一层皮。可是在当时的我眼里，农忙很有趣，有很多让我向往的美好记忆。因为农忙的时候和平时完全不一样，村里所有的晒谷场都很热闹，连学校门前的操场也都被利用了起来。打谷、扬晒……想着楼下热气腾腾的农忙样子，我的心早已经飞离了教室。

对我而言，更重要的是，村里的食堂在这个特殊的日子里每天会制作大包子。下午两三点钟的时候，食堂的工作人员就把热乎的大包子送到在地头、晒场干活的人们手里，给他们当下午的点心。这时，辛苦了几个小时的大人们终于可以有短暂的休息，这个时间在我们当地方言中称之为"落会"（音）。干活的大人们可以获得两个大包子当点心，奶奶每次都会分一个给我。四十多年过去了，我依然清晰地记得奶奶给我送大包子的情景。她匆匆来到教室门口，往我手里塞了一个大包子就赶紧离开。而我捧着这个大包子，一点一点揪着吃的时候，周围小朋友都对我投来羡慕的眼神，这时候的我真是无比得意和幸福。就是这样的画面和那一个个大包子，陪伴了我在异乡独自求学时的多个想家的时刻，也陪伴了我想起奶奶的无数个瞬间。

大人们在"落会"的时候一边吃大包子，一边天南海北地聊天。就是在这种集体劳作后完全放松的时间里，我们老一辈华西人相互之间不是以名字称呼，而是直呼其绰号。这个习惯也影响了我们那一代的华西孩子，至少在小学阶段，往往成年人的绰号就成了家族的印记。比如，村里有个人的绰号叫"大麦子"，他的两个儿子就是"大大麦子"和"小大麦子"；还有一个父亲叫"林元滴共"（音），他的儿子就被班里同学叫成"林滴共"。

直到现在，每每想起，依然感觉被满满的爱包围着。尤其这些年，过去的记忆越发变得清晰了。现在想来，这样的情愫其实就是因为没有才觉得稀罕，又因为稀罕而心心念念有期盼罢了。

记忆中，村里的食堂一直是对社员家庭营业的，大家可以用大米换大包子。食堂的饭菜也不贵，花五毛钱就能买一碗熟菜，一两分钱打一壶开水。

除了武术表演，我还爱跟着奶奶去看戏。江阴越剧团和锡剧团都是我们村的"常客"。那时折子戏不多，一个晚上就可以看完一个完整的故事。同一出戏要连续表演两三天，而我会一场不落地去看，从不厌烦。看戏多了，就想知道戏里的更多人物细节和故事情节。于是，我开始经常找奶奶要零花钱，去买连环画和小人书。到小学毕业，我都存下了一百多本小人书了，还给它们每一本都编了序号。每天临睡前，我都会在被窝里翻几个故事，才心满意足地睡觉。

那个年代的戏和相关的书看多了，我隐约觉得人要保持善良，也相信善有善报。尽管四十多年过去了，但是我幼年时做过的一件事情还仿佛就发生在昨天。

我的小堂姑伟凤住我家前面，她比我大一岁，我们从小一起玩，也在一个班上幼儿园。那天，我们放学一起回家，正好一场大雨骤停。那时候我们村几乎都没有土路了，但是雨水将道路两旁地里的泥土都冲刷到了路中间，雨后的乡村道路淌满了黄泥水。我们俩深一脚浅一脚地走着，我穿着雨鞋，而伟凤穿着布鞋。看到她小心翼翼、艰难行走的样子，我毫不犹豫地背着她一鼓作气冲回了家里。不知道是用劲太大累着了，还是怎么回事，我第二天起来就发现自己枕巾上有血迹，原来是晚上流鼻血了。我自己倒没有什么特别的感受和想法，只是记得母亲和邻居们说："我家吴洁比伟凤小，还把她背回来，太累了，晚上睡觉鼻子里都流血了！"母亲心疼我，当时并没有表扬我帮助别人，而是提醒我以后不能背比自己大的人了。

既然没有被批评，也没有带来什么坏处，小小的我还是坚信要做好事而不能做坏事的。而且当时能背着比自己略大的人回家，我还一直感觉很"英雄"呢！

家风赓续

我幼年时期这种坚定要做好事、相信善始善终的想法，或许就是来自爷爷奶奶以及父母的言传身教，潜移默化中造就了我们吴家为人处世的家风。

听长辈说，在我三岁那年，有一天家里突然多了好多山芋和桃子。可以吃到这些我们村里不常见的食物，我开心极了。可是这些东西都是从哪里来的呢？原来，那年我爷爷除了在华西大队继续做党支部书记，还是江阴县委书记。他经常会下乡到各个村子了解情况，给村民们解决困难。有个叫朝阳大队的地方，交通闭塞，非常落后。在我爷爷的多方奔走和支持下，他们通了路，村里经济状况也因此有了好转。朝阳大队为了感谢我爷爷，把他们村里种的山芋、桃子等土特产送了一大筐过来。爷爷拒收不成，就付了比特产更多的钱才收下他们的心意。对于爷爷这种自己"吃亏"的做法，当年的我是完全无法理解的——不要这些东西就行了，为什么还要多给钱呢？

不仅如此，我觉得爷爷这个人还非常"要面子"，对谁都是热情周到、掏心掏肺的，但他自己和奶奶几十年如一日过着极其俭朴的生活。爷爷去世前都一直和奶奶住在我们华西最不起眼的一栋小两层楼里。淡蓝色的墙体、棕黄色的木门，每个房间都不大，里面陈设简单。两张藤椅、一台旧彩电、两个沙发、一部有线电话、一张破旧的木床，基本上就是家里全部的家当。虽然说不上清贫，但与我们华西村大家都住进 400 平方米、600 平方米的西式、欧式别墅相比，就显得非常格格不入了。朴素、低调的小院，只有门上贴的那副对联让房子闪闪发光起来——"倾听人民心声，造福四方百姓"。

在华西村成立之初还很艰难的时候，爷爷就经常把奶奶每天晚上熬夜纺纱积攒的一点钱"偷"了去帮助别人，也因此奶奶会和爷爷时常发生"战争"。时间久了，奶奶没有因为吵架和抗议改变爷爷，却被爷爷给"带偏"了。后来的奶奶也一样，经常会帮助周围有需要的人。

往上追溯，我爷爷的母亲也是这样一个人，宁愿自己的孩子挨饿，也一定要拿出最好的食物招待客人。我爷爷的父母都是普通的农民，在他出生那天，他的爷爷把他抱在怀里，觉得这个婴儿是个有福相的人，心里想着这小娃娃长大后，也许能够招财进宝，让大家过上好日子。于是他的爷爷就给他取名叫

"仁宝"，仁表示为富要仁、仁者爱人，宝则是招财进宝。

而我奶奶的个性几乎被我父亲完美地继承了下来。他们都是看起来严肃，却处处为别人考虑；不善言辞，但会毫不留情地批评别人的缺点。父亲的种地、养殖技术也完全和奶奶一样，他们做任何事都非常认真，而且颇有成效。

在我幼年时期，父母为了增加家庭收入，在家里养了好多兔子，都算得上养兔专业户了。父亲对名贵种兔的照顾，远比对家里人还用心。堂屋被让出来养兔子，他半夜还起来用医用针筒给刚出生的小兔子喂奶。

记得有一种长毛兔子叫"西德兔"（即安哥拉兔），被父亲当宝贝一样养。天热了，我们都忍受着酷暑，他却买来电扇给长毛兔降温。结果那个特别热的夏天，我头上长了很多疮，后来还请来村里的赤脚医生给我开刀才治好……在那时的我看来，父亲爱兔子比关心我还多。家里除了养兔子，还养了好几只生蛋的母鸡，留给我们活动的空间愈发狭窄，我们吃饭时都只能挤在很小的楼梯间里。

除了养殖，父亲还是种地的好手。他通过嫁接种出来的梨，水分充沛、又大又甜。那时候，我总是很期待吃到父亲种出来的梨，感觉比其他所有的水果都好吃。一口咬下去，汁液"哗"的一下充满我小小的口腔，满口甜蜜中略带一点酸涩味儿，是最原始的梨的滋味，吃了解渴去暑又解馋。现在我吃什么新品种的梨，无论是口感细腻的还是纯甜多汁的，都尝不到那个滋味了。或许就是那一丝丝淡淡的生涩味更衬托出了它的独特甘甜，让我回味和怀念。这何尝不是那种苦中有乐的生活的意义呢？这样的日子更让人珍惜。

在多种农活儿和家务事里，父亲最擅长的其实还是做木工活儿。

爷爷奶奶一直认为荒年饿不死手艺人。因为这样的生活理念，他们的几个孩子各自都学了一门手艺。我的父亲是大儿子，他学了木匠的手艺。大抵也是应了老祖宗那句"十匠九难缠，木匠鬼不缠"的话，这民间八大匠位列第一位的木匠在我们吴家也是由老大去学的。在那个物资匮乏的年代，一个人想要安身立命，就必须先建房子，而木匠就是盖房的关键角色。选址规划、房屋搭建、门框雕琢，以及桌椅、橱柜制作，还有在木制品上雕刻花鸟虫鱼、漫天神佛等，无一不需要木匠。木工的技艺要求很高，在诸多工种中，木匠的工资在那时算是高的。这样的安排也足以证明长子是要肩挑家庭重担的。

其他几个兄弟姐妹们也一样是有手艺傍身的。我二叔是泥水匠，姑妈是裁缝，三叔是厨师，最小的叔叔学的是驾驶技术。他们学习手艺并付诸实践大概都是在刚成年的时候，因此我没能亲眼看见父亲做木工，也没有看到过二叔是怎么做瓦工的，倒是记得姑妈做裁缝的样子，也吃过三叔做的美味佳肴。

尽管没有看见父亲做木工，但我知道小时候家里睡的一张中式木床是他亲手做的。床头边框上雕刻着好看的说不出名儿的花朵，每次看着这些小花出神的时候，父亲仿佛就在我眼前用力地推刨、眯着眼儿测量、弯腰低头扎木楔……起初我们一家四口就挤在这张床上，后来父母有了西式床，这张木床就留给了我和妹妹。一直到20世纪90年代初期，我和妹妹有了各自的席梦思床，陪伴我们二十年的木床就被母亲送给了小舅舅。

母亲娘家是外村的贫农，她是怎么嫁到我们华西的呢？

奶奶当时在镇上的纱厂工作，星期天才回家，每次回到家就是一大堆没洗的衣服和碗筷等着她。家里迫切需要有个会做家务的女人，家庭的压力需要作为长子的父亲赶紧娶个媳妇回来帮忙。

爷爷为父亲找对象时，对介绍人提的唯一要求就是女方一定要是穷苦人家的孩子。这个想法在现在看来真是有点匪夷所思，但是那时的爷爷认为穷人的孩子早当家，穷人的女儿能吃苦。

听母亲说她第一次跟着介绍人到父亲家里相亲时，并没有被爷爷家的条件打动。我爷爷家里当时只有四间房子，意味着儿子成家后每人只能分一间，这样的条件在六七十年代的华西也只是非常普通的人家，而且我父亲还有照顾几个弟弟妹妹的责任。更糟糕的是，那时的华西村在周边是出了名的"做煞大队"，有人传唱："做煞大队无搭头，干起活来累死人。有女不嫁华西去，宁愿扔在河浜里。"外婆实在舍不得自己的小女儿去受苦。幸好，父亲拥有木匠手艺这个特长，在未来丈母娘那里加了不少分。

而让母亲心动的，就是华西大队那一排排整齐有序的新农村民房。母亲说，她当时就被震撼了，而且她相信，这里会是一个前景光明的地方。后来也有人给母亲介绍部队的军官，并且三番五次把那人的照片拿给母亲看，而母亲就是不为所动，那时她心里已经认准了华西大队，她坚信自己在这里一定可以越过越好。

其实那时的父亲内心是有想法的，虽然母亲当年是华西最漂亮的媳妇，但由于不善表达，父亲刚开始也不怎么喜欢她。不过父亲非常孝顺，即便我爷爷的决定让他很不满意，他也不会反对，而是义无反顾地去执行。

从前很不理解母亲的这种择偶观，直到后来听幼儿园的同事沈老师讲起她嫁到华西来的原因，我才知道，原来华西从 20 世纪 70 年代开始就慢慢成为周边村子无数姑娘向往的地方。

到了 20 世纪 80 年代，华西的男孩俨然成了"香饽饽"，媒人们把所有小伙子家的门槛都踏破了。母亲后来还把她的几个侄女都介绍到了华西，都成了华西的媳妇。她最小的侄子也找了华西的姑娘处对象，并随之搬到了华西，成了华西女婿。

可是，当年的母亲毕竟年轻不经事啊，看到华西红火的建设，以为嫁过来就可以享福了。没承想，她却开始了十几年艰苦创业的历程。

父亲在田里挑着担,母亲弯着腰拔草,家里兔毛和着鸡屎……我的童年里有无忧无虑的幼儿园生活,有在绿油油的田间嬉戏,也难忘炎炎夏日里父母直不起腰辛勤劳作的身影,还有家里吃饭时闻到的兔骚鸡屎臭。虽然当年的华西村民已经衣食无忧了,但是想挣更多钱,想过上更美好幸福的生活,想让后代不再如此辛苦,永远是华西创业一代的追求。

我虽然没有亲身经历那些田地里的劳作、工地上的建设、小土屋里的筹谋,但我知道那段奋斗的日子对大部分华西人而言都是美好的。直到现在,每当老一辈华西人讲述起那些往事,他们脸上总能流露着自豪的神情,眼里又闪烁出年轻的光芒。那是他们的"黄金年代"和辉煌过往啊!

而我们家族,作为村书记的爷爷更是处处以身作则,我们在他的影响下,将勤俭、朴素、严以律己宽以待人的家风一代代延续了下来。

第二章

启蒙教育

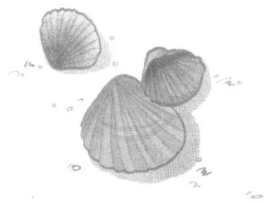

爱上越剧

年轻的朋友们今天来相会

荡起小船儿暖风轻轻吹

花儿香，鸟儿鸣

春光惹人醉

欢歌笑语绕着彩云飞

啊，亲爱的朋友们美妙的春光属于谁

属于我，属于你

属于我们八十年代的新一辈……

《年轻的朋友来相会》唱的就是我们那一代人，我就是
20 世纪 80 年代的新一辈啊！

我懂事后，姑妈时常说起我"抓周"的事情。小小的我，

眼前摆着花花绿绿的钞票、美味的食物、琳琅满目的玩具和文具，以及针线、锅勺等。我却一一绕过，毫不犹豫地抓住了那支不起眼的黑色钢笔。"抓周"的物件里，书、笔、尺子等学习用具可谓是文化的代名词了，抓了这些东西就寓意着将来是个读书人。

无论是因我而建的托儿所还是教育大楼，乃至后来我读幼师，几经折腾到幼儿园工作、到华西实验学校任书记，更甚负责华西整体教育工作，从这次"抓周"开始，似乎冥冥之中就注定了我未来的专业选择和职业道路。

依依不舍告别了欢乐的幼儿园，我在1980年进入了华西小学。

等到我上小学的时候，五六年前来我们村支援的老师陆续回到城里，还有的去了镇上，老师的人数和教学质量逐渐走下坡路。

在这种状态下，我似乎就是20世纪80年代初那个"窗边的小豆豆"。上课时，我的心思却在课堂外，总被窗外的蝉鸣和鸟叫声吸引，总想去池塘里捉泥鳅、去田里闲逛、去水沟玩耍……只有喜欢的老师出现，才将我的思绪拉回教室里。

直到现在，每次听到和唱起越剧《梁山伯与祝英台》，我的脑海里都会浮现出小学班主任李祖德老师的身影。他不仅是我的数学老师，也是我们班的音乐、体育、美术老师，更让我们意外的是他还会拉二胡，在我眼里好像没有他不会的。长期以来，很多偏远地区的乡村教师大概也都是这样全能的吧。

李祖德老师当时只是我们华西小学的一位民办教师。那个时候，我国民办教师人数正值顶峰时期。有统计数据显示，1977 年，全国民办教师人数多达 491 万。这个群体虽然学历低、年龄也偏大，但着实为我们农村教育做出了重要贡献。1992 年，国家教委明确提出了解决民办教师问题的"关、转、招、辞、退"五字方针，加快了解决民办教师问题的步伐。直到 2000 年，合格民办教师完成转为公办教师的工作及相关问题基本得到解决，结束了长期以来公办教师、民办教师并存的状况。

小学时期的我根本搞不明白为何老师要分成民办和公办两种，而为什么那么优秀又有才华的李老师只是民办教师呢。学校如果有老师请假，还会有外面的代课老师过来教书，代课老师又是什么？这些问题也是直到我自己回归农村教育才逐一解开。

李老师给我留下最初的印象就是每次到上午最后一节课的时候，他就会利用我们做习题的空隙，去教室隔壁的宿舍做饭。李老师有两个孩子，比我略小，女孩叫晶晶，男孩叫林林，名字都很好听，叫起来很顺口。李老师走出教室不久，隔壁房间就会飘出饭菜的香味儿，虽然没有煎炸烹炒等散发的浓郁香，但是闻起来就大概知道做的什么菜，想必味道也是很不错的。每当这个时候，我就开始走神了，忍不住会想家里的午饭应该也快做好了吧，今天中午会吃什么菜呢。

　　上午在学校的最后半小时，因为肚子"闹革命"，我脑子里想的其实全都是吃的。只有在最后一节是体育课的时候，我才不会想到吃饭这件事。因为体育课在操场上，李老师要顾及我们的安全就不会离开跑回去做饭，而我们在外面玩得起劲，也是不会感觉到肚子挨饿的。几十年过去了，就是那时的一节体育课让我受益匪浅，甚至到现在还对我产生深刻的影响。

　　记得那天上午因为下雨，最后一节体育课就改成了音乐课。喜欢出去放飞自我的男生们大多不乐意了，可是我很开心，还偷着乐，因为我喜欢音乐课胜过体育课。之前有一位会拉手风琴的张姓女老师给我们上音乐课，可是没多久她就回城里了，我为此还伤感了很久。

　　也许是突发奇想，李老师那天居然教我们唱戏，就是越剧《梁山伯与祝英台》的选段，正是这节课仿佛发掘了我体内的一个艺术泉眼，我内心对戏曲的热爱由此萌发。虽然从小跟着奶奶去村里大礼堂看戏，平时也会随口哼哼，却没想过可以跟着老师学唱，二胡声一起，我立马就陶醉在越剧的世界里了。

　　学了两三遍下来，我就能完全踩着调子跟着李老师的二胡唱起来。看着我声情并茂地跟唱，李老师竟让我来一次独唱，他在旁边拉二胡伴奏。那是我第一次在同学们面前唱越剧，因为喜爱和自信，我没有怯场，心脏怦怦跳个不停，却也稳定发挥出来。这一次当着全班同学的面独立表演，让我美滋滋了好几天。

越剧这种曲调优美、婉转，擅长真切情感表达的艺术形式，加上多是才子佳人的内容主题，让我深陷其中，不能自拔。也就是从那时起，戏曲成了我生活里不可或缺的一部分。直到现在，我开心欢喜时会唱两段，被困难和压力缠绕时也会通过唱戏曲排解烦闷，亲朋好友聚会时，我也随口就能来几句给大家助兴。这不得不感谢李老师，或许他当年只是心血来潮，但那节课却让我有了一个终身的爱好。他对我的赞许和信任，让我在同学们面前更自信了。这不仅让我们乡村孩子开了一点眼界，更是把艺术的种子植入了我们幼小的心灵里。我相信，这颗种子只要能在一个学生的内心发出小芽，这样的教育就是成功的。

因为有了兴趣方向和特长，我的小学几年过得很放松和惬意，直到上毕业班时才略微有了一点学习压力。我上四年级的时候，华西小学的教学质量排名跌到了全市倒数第一。村里意识到问题的严重性，就向上级领导提要求，希望增强师资。于是镇里派了三位很优秀的男老师到我们村，也就是新老师的到来，我们这些村里娃才从彻底"放飞"进入了正常的学习状态，我突然就觉得不适应了。

这时，又因为幼儿园两位新来的老师，让我这一年紧张的学习生活变得色彩明艳了。

那年村里幼儿园来了两位年轻漂亮的女教师。幼儿园在一楼，和我们小学都在教育大楼里。我平时都是从校门口穿过操场就径直上楼了。由于她俩的到来，我就刻意绕过操场走到幼儿班教室，总要趴在窗台上往里看一会儿再上楼去。

两位老师打扮得青春靓丽，其中一位穿着大红色的滑雪衫和牛仔裤，扎着乌黑的马尾辫，时髦不俗气，那或许就是"惊艳"的直观感受。她俩的出现简直就是我们村最鲜亮的风景，与我平时看到土里土气、打扮中性的农村女性完全不同。两位女老师还能唱会跳，唱起歌来婉转动听，跳起舞来婀娜欢快。每天只要一有时间，我就会趴在教室的窗台上注视着她们。

她们的温柔可爱、多才多艺，不仅是我小学生活里的一道光，甚至照亮了我未来的道路。以至于初中毕业后，我坚定地选择了幼师专业。

很多人认为我唱越剧是有天赋的。这些年从教育工作中不断反思和对比过后，我逐渐发现，我的"天赋"其实就是在被老师发现我的优势后，经过他们不断鼓励和认可，我自己强化心理暗示和努力学习后取得的成绩。我们的教师如果能多一些积极的鼓励和暗示，或许能让更多孩子拥有属于他们的"天赋"，让他们变得更自信乐观，让他们成才。

幸福的烦恼

　　我是家族里第三代中的老大，爷爷奶奶在他们的兄弟姐妹中也是当哥哥姐姐的。那时家家都有好几个孩子，好几个堂叔、堂姑、表叔、表姑年龄比我大不了几岁。小时候的我是他们的"跟屁虫"，他们去哪里玩耍，我都跟在后面。而他们则是我的"保护伞"，不让我受任何欺负和一点委屈。

　　小学跨度大，小孩子被大孩子欺负是常有的事。在同一个班里，大欺小也是司空见惯的。记得我们班里有位很厉害的大个子女生总喜欢欺负人，而我的个头比较小。有一天，她就在放学路上找茬要打我。巧的是，正好碰上我的一位表叔要去割草，他一边让我回家，一边对着那个女生喊道："你打她试试看！"这一吼直接把那个女生吓住了，从此她再也不敢欺负我了。

我奶奶也一样，像老母鸡似的保护自己的孩子们。三年级的时候，有个男生把我打哭了，一个女同学赶紧到托儿所去找我奶奶。那时奶奶刚退休，回到村里托儿所带孩子。奶奶跟着报信的女同学一起到了我的教室里，手里还拿着一根枝条，她板着脸训那个男同学："谁让你打人的？哪只手打的？"我小时候虽然贪玩，但从不惹事，也不知道什么原因，竟然还会被校园霸凌，也可能是自己让人感觉好欺负吧。好在有奶奶、叔叔们的保护和及时出手，没有让我的童年留下阴影，我也从来没有因此不愿意去上学。

其实，纵然有亲戚们总护着我，但是在家里，我也是经常要吃"笋烤肉"的。笋烤肉是苏东坡极为推崇的一道历史名菜，他说："无肉令人瘦，无竹令人俗。若要不瘦又不俗，除非顿顿笋烤肉。"也亏他能将鄙俗和高雅的物种搭配在一起。但是我吃的这个"笋烤肉"却不是那道名菜，在我们无锡方言中"敲"与"烤"同音，其实就是"挨打"的意思，特指用竹板或竹条打小孩的屁股。直到我十七八岁，母亲还经常用这道菜名吓唬我。

十岁那年，忘了因为什么事情，想来一定是和母亲顶嘴了，然后我被她追着打。我母亲这个人非常奇怪，她如果要教训人，逃得再远也没有用，她必须要追到。那时的我已经比她跑得快很多了，她却锲而不舍追着我跑了半个村子，也没放弃。看着她拿着煤球钳气喘吁吁远远地在后面追，我心里突然有了不忍，于是就停下了脚步，等着她过来……

　　相比母亲的严厉，父亲在我眼里可算是"暴戾"了，我从小被他打到大。印象中最早一次被父亲打，还是我上幼儿园的时候。我跟父亲去南京出差，与他的客户和朋友一起吃饭，而我却钻到桌子底下自顾自地玩耍，还不愿出来。父亲劝我不听，就在我头上敲了一下，疼得我嚎啕大哭，任何人哄我都不管用。父亲的司机想缓和一下尴尬的气氛，说："哎呀，撞疼了吧？快出来让我看看。"可一根筋的我哪听得懂他话里的意思，还直言："不是撞的，就是爸爸打的。"说完又委屈地哭起来。现在想想，我的耿直个性还真是让自己吃了不少"苦头"呢。

　　到我上小学的时候，也是跟吃饭有关挨了父亲的打。父亲带着我和妹妹去村里招待所吃饭，刚到门口我就看见学校的校长在那里吃饭，我就不愿意进去了。父亲叫我半天，我愣是不进去，于是又吃了一顿"笋烤肉"……多次被打后，我发现，父亲几乎是不跟我讲道理的，尤其当他心情不好的时候，只要说了我不听，就是一顿打。我猜想他心里一定认为，棍棒教育是最有效、最快捷的方式。而令父亲更恼火的是，生性耿直又不肯认输的我还喜欢顶嘴，估计每次都把他气得够呛。

　　也因为经常挨父母打，那时候的我觉得他们根本就不爱我。亲戚们都是亲切地叫我"阿洁"，父母亲却总是对我直呼姓名，让我感觉一副凶巴巴的样子。从称呼我就感受到他们对我的严肃和隔阂。他们对听话的妹妹则不这样。妹妹比我小两岁，小时候因为挑食，长得瘦瘦小小，六七岁的时候一顿饭只吃三个馄饨就饱了。我既会吃又好动，从体格看起来要比她大三四岁的样子。妹妹很文静，比较内向，就算心里一百个不愿意也不会说出来。她喜欢和父母一起睡，我是非常不愿意的，从小我就不会跟父母亲撒娇，即便只有我和母亲两个人在家，我也不会和她睡一个房间。尤其父亲在家的时候我会特别紧张，总担心碰到他情绪不好的时候，自己哪一句话说错了就会招来打骂。

记得小时候，我们住的是那种邻居之间一户连着一户的房子，每家之间都有共用的一堵墙，隔壁人家说话声音稍微大点都能听得一清二楚。特别记得隔壁赵姓人家，女儿被父亲暴打后，她一边大声哭喊一边说："你们就是重男轻女！"很幸运，我们家只有两个女儿，但我也会对着母亲说："你们偏心，爸爸就是偏心妹妹！"反之，妹妹则经常会说："爷爷奶奶都喜欢你，偏心你！"甚至母亲也会帮着她这么说。

逐渐长大后，我才意识到，父母其实对每个孩子都是一样的爱，只是会对弱者多一些支持而已。当然，听话的孩子总是能从父母那里得到更多的温柔对待和喜爱。而我，从小如此有个性，自然不被理解，被教训的次数也会多一些。可是很奇怪，即使总是被教训，也没让我的个性真正有改变，只是冷静下来后学会了分析和反思。

尽管父母们总强调对我们姐妹俩是一视同仁的，打我是因为我太倔、嘴又硬，想用打骂让我臣服。但是这种严厉和偏心，却让我离他们越来越远，导致我从小就喜欢走亲戚，去亲戚那里一住就不想回家了。随着年龄增长，我也成为母亲后，对父母的举动开始有所理解，所以就想着要努力改变自己，去接受和爱护他们。可是我的倔强和童年就留下来的隔阂让我们即使亲近起来也不那么自然，彼此间还有所保留。

而母亲总认为，如果没有父亲压着我，我都要"出天"了。她希望通过打骂的方式让我学会收敛，学会圆滑和察言观色，但我终究是没有学会。外人也经常说："别惹吴洁，她是个黑白分明的人"。而家里人总认为一物降一物，他们很少会同情时常被父亲教训的我，甚至还会幸灾乐祸取笑我。而爷爷奶奶则不这样，他们舍不得我被父亲打，会保护我。父亲总说，我是被爷爷奶奶给宠坏了。当然，母亲看到父亲真打我的时候也会去找爷爷，因为爷爷可以降服他。

如今，爷爷奶奶都不在了，父亲自由了，我好像也自由了许多。可是现在尽管享受着足够的身心自由，内心总是会有些许遗憾和失落。或许就是从小有人宠、有人疼、有人围着转，少了生活的挫折，才让我比周围同龄人好奇心多一些，也在比其他人更敢闯敢干的同时却还保持了幼稚天真的一面。

但是拥有足够的自由后，我却没有释然。多年来习惯了被管教，突然放松却显得无所适从了。即便面对自然美景可以放飞心情的时候，也总是会伴随着阵阵惆怅，内心无法感到真正的自由。

　　我可能是永远化解不了这种矛盾了。这些都是原生家庭带给我的幸福和纠结，它们已经深深印在我心里。我离不开，也不想离开。

生与死的思考

上小学没多久，我身边就发生了让我心惊的事情，那几年，时不时会在我梦魇里出现。恍惚中，我开始对生与死有了初步的思考。

我人生的第一个闺蜜就是我小学时的邻居张静，我们俩一般大。大家都说她长得酷似日本电视剧《血疑》里的山口百惠，她也人如其名，娴静、乖巧、伶俐。张静的父母是插队来到我们村的，她家里总是收拾得干净利索，不像我家里还养有兔子和鸡，空气中弥漫着各种臭味儿，所以我特别喜欢去她家玩。张静的爸爸后来到镇上的供销社上班，家里条件也相对比较好，她爷爷还会做各种美味的小吃，这种诱惑对哪个孩子而言都是无法抗拒的。

那个暑假，我们天天都在一起玩耍。有一天，张静骑着小自行车过来邀我一起玩，我因为被母亲打了一顿关在房间生闷气，就没答应她。我自己越想越委屈，抽泣着竟睡了过去。不知睡了多久，我父亲突然回到家说："张静落水淹死了！"我恍惚中还没清醒，有点不相信自己的耳朵。刚才她唤我去玩儿的声音还在耳边，怎么会死了呢？

可是，她小小的身体已经直挺挺地躺在她家门口的木板上了。这是我第一次看到一个大活人再也不能动弹，也不能跟我说话，更不能再跟我一起玩儿了。她明明在这里，可是她又去哪里了呢？……张静的父母早已泣不成声，我真想过去叫醒她，可是身子僵在原地动弹不得。大人们后来回忆，张静跟着几个年长的孩子去河里戏水，因家中没有游泳圈，她随手带上了一只塑料盆——在她的认知里，这东西能稳稳浮于水面。然而，随着河水不断漫进盆内，原本漂浮的塑料盆渐渐下沉。张静慌乱得手足无措，只得死死攥住盆沿。河水灌进鼻腔、口里，她拼命挣扎却无济于事，瘦小的身躯最终被盛满水的塑料盆拽入水底……跟她一起的伙伴因为害怕，并没有去叫大人，也不敢声张。当时，我三叔正在午休，隐约听到有人喊"救命"，他没有犹豫就赶紧往声音发出的地方跑过去救人，可是把张静捞起来的时候她就没有了呼吸……

事后我千万遍地想，如果母亲没有打我，我不在房里哭，如果我们两个在一起玩，她就不会去水边了，也不会跟大孩子去河里游泳，就不会被淹死……可是，时间不会倒流，一个"如果"都没有。一个美丽、鲜活的生命突然就没有了。

事发后的那几天我完全提不起精神，吃什么都不香，总感觉张静还会来叫我出去一起玩，总觉得她可能会突然出现在我眼前。过后很多年我还时常会想起我们手拉手一起去我外婆家住的情景，还在一块儿吃她外婆给我们的瓜子，我们也经常因为小事情吵架，但过不了几分钟就和好了。记忆中总是我们开心玩耍和她对着我笑的画面。

现在想来，我还是很伤感。那个年代的大人们都忙着田里、地上的活儿，顾不上放暑假的孩子们，我们都是自己在村里玩儿。我因为家里管得严，有奶奶和妈妈时刻叮嘱着，才不会涉及危险的游戏。但是很多人家里都疏于安全教育，给了孩子温饱和接受教育的机会，就管不了其他的了。

另一个从幼儿园就和我一起玩的女孩子也是因为家人忙着晒谷子，她自己去河边割草就再也没有回家。村里人前前后后找了好几个月都寻不见，大家都以为她被人贩子拐走了。一年以后，村里要修整打谷场边的那条小河，抽干水，重新翻土，不料挖出了人骨头。我没敢去看，大人们说从破烂的衣服看出就是这个女孩子。事情发生后，我吓得很久不愿意出家门，既很想念她，又很害怕。

如今，我好好地活到了53岁，她们的生命却停止在八九岁的那个夏天。那个时候我就在想，死亡真的很可怕，不仅自己没了，家人也会伤心欲绝。我因此总是在心里提醒自己，母亲生我时遭遇了难产，我的生命来得不容易，为了我心爱的爷爷奶奶、父亲母亲，我也一定要好好活着，不能去危险的地方，要好好地长大。

发生这两件事情后，我很长一段时间不爱说话，过得小心谨慎。那个时候我可能就产生了对生与死的思考，乃至对生命的敬畏。在以后的教育工作中，我总倡导孩子们要珍惜生命，学会爱自己，才有爱别人的能力，我希望他们能健康快乐地成长。我要求老师们读《爱的教育》，让他们学会鼓励学生，毫无保留地去爱学生，尤其是那些原生家庭有缺陷、缺乏爱的孩子。学会"爱"也是一门学问，尤其是对于我们的教育事业，只有爱和被爱，孩子们才能自信、快乐、健康、向上，这或许就是教育的真谛吧。

最宠爱我的奶奶

家里压抑的氛围使我总想往外跑，好在还有宠爱我的爷爷奶奶，他们家就是我的避风港和欢乐园。

每年端午节，我就会想起我的奶奶，尤其是她离开的这十年，每到吃粽子的时候，我对她的思念就愈发强烈。

奶奶比爷爷小两岁，属马，出生在端午节那天。老人们都说端午出生的人命苦，我以前费解，直到经历了奶奶的后四十年才相信了。这是基于苦了自己成就别人为标准的判断，奶奶确实比大多数女人都要辛劳许多。

奶奶出生在一户姓赵的人家，有兄弟姐妹五个，她是长女。奶奶的母亲在她十几岁就去世了，为了养家糊口，她不到十四岁就一个人去无锡市里的纱厂干活挣钱了。

爷爷和奶奶是指腹为婚。经过了大城市的生活后，奶奶对这段婚姻是抗拒的，但是因为我爷爷的大舅在当地很有威望，奶奶很难悔婚。直到她七八十岁了，也还不时和我叨叨："如果不是他们把我'骗'回来，我就在无锡了……"虽然心中有一千个不愿意，奶奶最后还是成了吴家的儿媳妇，成了爷爷的贤内助，成就了爷爷的一番事业。

记忆中的奶奶一直是无所不能的，即便遇到再大的困难，她也能想出办法解决。她不仅把小家管理得井井有条，种菜、养鸡鸭、编织毛衣、包粽子、做团子都是一把好手，家务劳动几乎无所不能。在工作中，奶奶也一直是争先进当优秀的榜样，从工厂退休后还继续发光发热，到村里托儿所义务劳动。从小我就觉得奶奶像个女超人，不仅总有使不完的力气，还总能对我无限地包容和宠爱。

印象中从容淡定的奶奶终于有一天也慌乱了。那年，奶奶受邀去她无锡的干女儿家里吃搬家酒。这位姑妈是很小就寄养在爷爷奶奶家里的干女儿，我父亲有时候和她开玩笑说："你是来抢我粮食的人！"虽然不是亲生的，但是奶奶一直视如己出，这位姑妈在我心里和亲姑妈也没有区别。后来她到无锡上班，又嫁在了无锡，我们也是保持走动的。那一年，这位无锡姑妈搬新家请我们全家人过去吃饭，男人们没有时间去，奶奶决定带着女眷和孙子孙女们一起前往。

那时还没有通高速公路，从华西去无锡很折腾，要么要从江阴转车，要么就得走水路坐轮船走上一天。那是奶奶第一次违反了爷爷订的家规——家人出行不准用村里的公车。20世纪80年代中期的华西，已经不仅有卡车、小汽车，还有一辆牡丹牌面包车。奶奶考虑到大大小小好几口人坐班车去无锡非常不方便，而且当天肯定赶不回来，一大家子人过去，还得姑妈给我们安排住宿，肯定会给她增添很多麻烦。她想着村里这辆面包车正好把我们这群人都装下，能省下不少时间，偷偷地"私用"一次应该问题不大。

等大家嘻嘻哈哈满意地从无锡一日游返回到村口时，奶奶突然有点担心起来："如果被老头子看见了怎么办？"亲戚们你一言我一语地安慰奶奶说："放心，哪会那么巧……"可是偏偏奶奶一语成谶。快要到家门口时，爷爷突然出现了。看见虎着脸的爷爷，所有女眷和孩子们都悄悄地赶紧逃离。奶奶免不了被爷爷一顿训斥。第二天，她赶紧去汽车厂付了钱，爷爷才重新有了笑脸。其实，奶奶一开始就是要付车钱的，只是车队负责人觉得奶奶第一次开口用车，坚决没收她的钱。从那以后，只要涉及公家的事，奶奶都坚定立场，不为他人言语所动。

爷爷总是一心扑在工作上，曾有近十年都在江阴任职，即使在村里也总不在家，过年还要忙着拜访乡亲，难得在家时却不是跟家人享受天伦之乐，而是比对待外人还要严格。他不仅对自己的子女这样，对我姑父也是同样严厉。有一次姑父就被我爷爷骂得很凶，而且还要他在全体干部面前做检查。其实，犯错的主要责任并非在姑父，但爷爷认为，姑父作为办公室主任，作为吴家的女婿就有义务对事故负责，就要承担主要责任。

尽管爷爷对家人行事"霸道"，但奶奶对他却是真心呵护。只要爷爷在家，她每个早晨必定单独煮好面条、剥好茶叶蛋，用盘子装着给正在听早新闻的爷爷端去。而奶奶自己就吃点泡饭就着咸菜，一生过得极其简朴。

那个曾经不愿意嫁给爷爷的奶奶，之所以后来全心全意支持爷爷，大概就是他们同甘共苦几十年后形成的华西精神吧。他们有共同的价值取向，有"一人富了不算富，全村富了才算富；一村富了不算富，全国富了才算富"的共富大爱的追求。

跟和蔼能干的奶奶在一起，我就特别放松，彻底没有忧虑，从小感受到她所有无私的宠爱。她做事的雷厉风行和做人的无私奉献，也深深刻进了我的骨子里。

要强的母亲

我母亲在很多方面和奶奶很像，或许是婆媳多年的相处让她深受影响。

童年记忆中，母亲对父亲的照顾和呵护也如奶奶对爷爷一样。那时，尽管家里养了不少鸡，可是鸡蛋也不是随便能吃上的。记得家里有个小篮子，每次当鸡蛋装满篮子的时候，母亲就会让我送一篮子鸡蛋去给奶奶。

多出来的鸡蛋就是给父亲吃。母亲每天早晨熬好一家人喝的粥后，就给父亲煎两个两面金黄的鸡蛋，并叮嘱我和妹妹："你们不能吃，这是给你们爸爸吃的！"父亲一边喝粥，一边就着香喷喷的荷包蛋，尤其是在微焦酥脆的鸡蛋表面淋上我们当地的华士酱油后，真正是色香味俱全，让我和妹妹看到都频频咽口水。但是父亲根本不知道我们的想法，自然是要吃精光的。也许后来是为了弥补儿时对煎鸡蛋的念想，我一直很喜欢吃鸡蛋，各种做法都百吃不厌。

母亲嫁到华西，没有立马过上她理想中的生活，却因此彻底改变了她的人生。她从娘家的宝贝女儿变成了我们家庭的主要劳动妇女，变成了我们华西的创业主力军。母亲和许许多多的华西女性一样，既要照顾一家人的生活，还要参加村里的相关工作。

我上小学那几年，母亲在"样板片"的牙刷厂上班。那时的大人们上班根本没有周末。1978 年，华西村固定资产超过了 100 万元，全村都住上了崭新的砖瓦房，在全国的农村中已经遥遥领先了。正当爷爷准备进一步发展工业的时候，国家开始推行家庭联产承包责任制。但尝到过工业甜头的爷爷并没有放弃工业兴村的计划，我们每一家每一户不仅要种好按要求分配的责任田，同时，还要加入工厂的工作中。那时候，村里最常见的景象就是，大人们要么白天到厂里上班，晚上在地里种粮；要么白天在田里劳作，夜间去厂里加班。每天的劳作时间远远长于周边的村子。在这种不分昼夜、全村统一规划的有序干活中，村里实现了农业和工业的双管齐下。除了给我们村带来巨大收益的五金厂外，纺织厂、冶金厂、铜厂、铝材厂等数十个工厂陆续建起来，华西村民干得热火朝天，每天 24 小时都不够用，哪还顾得上休周末呢。

我的星期天和假期经常是在母亲上班的工厂度过的。她上班，我就在边上玩儿，也因此认识了很多叔叔阿姨，还知道牙刷的生产过程。甚至因为好几次跟着母亲出去卖牙刷，我见到了一些过去从来没有见过的亲戚，比如母亲的表姐和堂姐，包括她们的孩子们。

此外，母亲还要参加各种大小会议。我们村的会议特别多，有分组学习讨论，也有集体社员大会。会议有时安排在晚上，有时在清晨。

大人开会，孩子们可以在旁边玩耍。我就非常享受这种大家聚在一起讨论事情的氛围。开大会时，话题比较严肃，小孩子就不可以进会场了。而我们也有自己的乐趣，例如在会场外面的路灯下捉小虫子玩、几个孩子一起跳皮筋等，总之不会闲着，更不会无聊。

无论工作还是纪律，我的家人与所有华西村民都是被同等对待的，甚至被更严格地要求。有一次社员大会，母亲因为仅仅迟到了一两分钟，竟被爷爷关在了门外。那是一次清晨五点召开的会议，母亲因为等邻居结伴而行就晚到了。一位村里的干部走在她们前面，他从窗户往会场里头看了看，然后一边进门一边自言自语说："还好，还有不少人没到！"

我爷爷正在主持会议，听到这句话后火冒三丈，对这位慢慢悠悠走进门的干部呵斥起来。而母亲和其他晚到的社员，全被关在会场外面。母亲现在都清楚地记得，她当时走出会场时有多么尴尬和难受，心里却不敢怨恨爷爷，因为她自知有错在先。回到家后，母亲忍不住大哭了一场。在我的记忆中，很少看到母亲流眼泪。这次经历或许让她更明白，作为我们吴家人不仅没有任何特权，还要身先士卒、以身作则。

邻居觉得非常歉疚，认为是自己导致母亲被关在会场外面的。母亲后来跟我说，她也不能埋怨邻居，她家里有三个孩子要照顾，她也很不容易。母亲知道，作为华西人，尤其是我们家的一员，即便有再大的委屈，哭也是没有任何意义的，该做的事情还是要做，缺席的会议是必须补上的。

当天晚上，村里就组织迟到的社员给他们把会议内容重新补了一遍。有了这次经历，母亲从此至少提前半小时赶到会场，她的性格也逐渐急躁起来。也难怪母亲在我眼里做事情总是雷厉风行，走路快、吃饭快、做事也快。

除了村里的会议，爷爷还经常召开家庭会议。多年过去了，我还时常回味爷爷给我们开家庭会议的情景——每个大人都要发言，有时小孩子也得说说心里话。开会、讨论、民主发言，这些会议流程和精髓就这样日复一日、年复一年深深地印在了我的脑子里，以至于爷爷去世后大小会议突然减少了很多，让我很不适应。

后来我也经常给下属开会。我心里知道年轻人越来越不喜欢这种工作方式，认为领导说太多废话，认为浪费了他们的时间，但是我自小从开会中受益良多，已经非常认可这种方式。很多大事小事，如果我们开诚布公在会议上说清楚，大家认真听、好好领会会议精神，就不用另外逐个传达和解释了。开会还可以通过集中讨论问题来集思广益，大家的智慧相互碰撞就有可能产生意想不到的火花。对领导而言，这是可以极大提高工作效率的方式。对于参会者而言，抓住开会时的发言机会，言之有理、娓娓道来，就能在同事和领导面前展现自己的才华，获得认可和重用的机会。我始终认为，开会这种方式是要坚持下去的，无论线下还是线上，都是有效开展工作的方式。

父亲追忆年夜饭

20 世纪 80 年代初，我们村的产业结构就形成了农业向农、副、工综合发展的形势，工业已经占主导地位。这个时期，很多地方已经取消了大队生产方式，但我们村因为人多地少，在基本实现了水利化和机械化后，仍然坚持发展集体经济。1981 年，我们华西的工业收入已占总收入的 80%，大队纯收入超过 160 万元，向国家交售粮食 79 万斤，超过征粮任务的 50 万斤。我们所有村民都过上了丰衣足食的日子。

其实在我五六岁的时候，我们村里的村民福利就已经很好了，夏天会发自己种的西瓜、桃子、香瓜、梨等各种水果，秋天还会从外地运来苹果发给大家，冬天临近过年，各种好吃的就更多了。孩提时代的我，最盼望的事情就是拿着篮子去排队等发东西。后来，就不再仅仅是吃的，大家的居住条件也在越变越好，从平房到楼房，再到带院子的独栋小楼。早在十几年前，华西村民就都住上了别墅。

那个时候，我们村其实已经基本实现了共同富裕。比如，每家每户每天餐桌上的饭菜基本都是村里统一安排，村里根据村民情况，年龄大一些的就在副业队或者其他服务岗位，为家家户户的吃喝拉撒做好后勤保障服务。当时有首歌谣这样唱着："百万资金存银行，口粮备足两年荒，生活燃料三年藏，人均住房超二十（平方米），四季都有新服装，人坐沙发睡棕床，家家都有电话放，幸福不忘共产党。"

周边村子跟我们相比还有较大差距。记得以前每次去外婆和阿姨家，他们必须提前去街上买菜，否则不一定会有荤菜，能有鸡蛋粉丝汤就已经非常不错了。而我们村民想改善伙食，或者临时招待亲友，可以直接去村里的食堂买熟食。每一碗五毛钱，菜的品种也不少。我尤其记得红烧排骨和茭白炒肉丝，里面还会有一些榨菜丝和毛豆子。一直觉得食堂里做的菜比母亲做的好吃多了，因此去食堂买菜也是我童年乐此不疲的一件美事。

当时，我家的年夜饭就已经很丰盛了。每到年底，村里会按人数给各家发很多物品，比如每人几斤鸡蛋、几斤肉、几条鱼……每年发鱼，我母亲都要给娘家送一些过去，或者让表哥表姐过来拿。我家的年夜饭除了和其他人一样有村里发的几种荤菜，还有南京板鸭和咸鸭胗，这两道菜全家人都爱吃。直到现在，妹妹每年冬天一定还会买很多储存着。其实，在物质极其丰富的当下，我们随时都可以吃到这两样菜，但是冬天储存一些就是常年养成的习惯，也是过年的一种小小仪式感，更是我们对儿时年味的怀念。

我们盼望着吃年夜饭，并不仅是丰盛而美味的佳肴，因为年夜饭一吃完就是新年了。每年从来不会改变的，就是大年初一去爷爷奶奶家领压岁钱。一直到我结婚，过去的每个大年初一，天还没有亮，父亲就叫我们早早起床，去给爷爷奶奶拜年。

说到年夜饭，其实也不全是一片祥和、欢声笑语，曾经也有不堪的回忆。父亲在我稍微懂事后就跟我说起他人生中记忆最深的两次年夜饭。

在20世纪60年代我们村刚成立的困难阶段，大家一年盼到头想的就是能在年夜饭时有一小片肉吃。年轻的父亲当时想得最多的就是何时可以吃饱肚子。1967年的那个大年夜让他终生难忘。父亲清楚地记得那年他因为患腿疾而住进了医院，大年夜的前几天他出院了，是我爷爷背着他，穿过江阴城，到南门坐船回到家里。就在除夕当天，二三十个"造反派"冲到家里，往大门上贴刺眼的白纸黑字。全家人的年夜饭只有一盘萝卜汤和几碗白米饭。大家既庆幸能团圆过年，又伤感于时代的不幸。第二天是正月初一，别人都不出工，只有爷爷被"造反派"逼着一个人扛着锄头去桑树地里翻土。寒风呼啸中，早已上冻的土地硬邦邦，爷爷的钉耙三番五次砸下去才能挖开一点点土。他穿着单薄却用尽全身力气挥舞着钉耙，脸上早已挂着泪痕，大滴大滴的眼泪掉进泥土里。而我的父亲也是第一次看到他那坚强、从不屈服的父亲流眼泪，爷爷那痛心中满是坚韧的神情深深刻入了他脑海里……往事不堪回首，父亲每忆起这个大年夜，眼里都闪烁着泪花，声音逐渐哽咽。

到 1973 年的年夜饭就是天壤之别的光景了，因为村里在 1964 年冬天制定的第一个"十五年规划"提前了七年完成。那个除夕夜，大家兴奋极了，都喝醉了。父亲说起那次大伙儿喝醉的样子，就敞开了话匣子，眉飞色舞地形容每个人的神态。多年后，我还能从父亲的描述中感受到他溢于言表的自豪。村里主干道两旁的墙上画的华西发展规划图又浮现在我眼前，当别的地方还只是在想明天、明年的计划时，我们华西的领头人已经开始带着我们步入创业的第一个"十五年规划"了。

听着父亲回忆年夜饭的故事，我小小的心灵受到了前所未有的震撼，这更让我明白我的幸福来之不易。我的心里也会无限感谢前辈们创造了巨大的财富，让华西的后代成为有尊严的新一代农村人。

对城市的向往

　　现在的年轻人总在追求诗和远方，很多父母也愿意多带着孩子出去旅游，"读万卷书，行万里路"的教育理念被很多人推崇。在我小的时候，我的父母没有这样先进的教育思想，但是我的父亲在工作的同时也带着我辗转了多个地方。小学枯燥的生活也因此而丰富多彩。

　　1985年，我爷爷带领华西一百多名村民在南京雨花台烈士群雕前宣誓："决心苦战三年，目标一亿。"宣誓结束后，他率领村里的骨干直奔北京、天津等地学习、取经。去到有"天下第一庄"之称的天津大邱庄时，我爷爷和华西村民们被当地的面貌给震撼住了。当时的大邱庄俨然一座现代化的小城市模样、工厂林立、新居成片，呈现出一派欣欣向荣的景象。

　　我爷爷意识到要实现"亿元村"的目标必须打破自我封

闭的思维定式，积极向外拓展，扩大自己的生存和发展空间，不仅要跳出华西"村门"，攻进"城门"，还要闯出"国门"。说干就干，我们与上海的知名企业合作陆续建成了沪西铜铝材厂、华西锻造厂、华西铝制品厂、华西冷轧带钢厂等一批企业。

我父亲作为村里的销售员，自然是要去全国各地推销我们华西生产的商品，这些产品包括建筑材料、五金品、生活日用品等。我也因此有机会跟着他去了许多地方。记忆中最深刻的那次长途出差，我们去的第一站就是上海。

"这是上海最高的楼，"父亲指着锦江饭店跟我说，"头抬起来的话，帽子都要掉下来的。"四十多年过去了，在上海的事情我几乎都已忘记，唯独记得父亲跟我说的这句话。那个时候的华西村虽然远远走在了全国很多乡村的前列，但各方面与城市生活相比还是有较大差距的，大城市对我的吸引力或许就是从上海开始的。

随后，我们又坐大轮船去了大连。那艘船可真大啊，给我的感觉比我们村里五层楼高的教育大楼还高、还大。轮船的船舱分了好几个等级，父亲让我住在两个上下铺的四人间里，而他自己舍不得再买一张同样的船票，去住了十几个人一间的底舱。那是我第一次看到大海，船尾激起的浪花就像洗衣服时用海鸥牌肥皂泡出来的水一样，是白色浑浊的。浪花周围还携带着无数大小不一的泡泡。

到了大连，我看见顶上挂着"小辫子"的电车，新奇得很。父亲去推销我们村生产的农产品，我看见他弯着腰给农资公司的领导递烟，那个人却根本不搭理他。那是我第一次看见父亲如此卑微。那个在家里凶我、打我的父亲，到外面为了村里的生意竟也完全不顾面子低声下气。那时我隐约感觉到成年人的世界也不像我想象中那么轻松容易。

从大连返回的时候，我们坐了一个晚上的绿皮车去北京。父亲在前门附近的一个地下室旅馆找了住处。每个房间里都住了好几个人，男女分开住。印象中不记得那天是因为下雨还是地下室有积水，我睡着睡着，突然感到后背冰冷，醒过来才发现原来我已经掉在地上，地上竟然是湿漉漉的。

连续几个晚上没睡好觉，我只觉得又累又困，就连去故宫也完全提不起兴趣。

幸好，还有美食让我对不同的地方留下了不同的记忆。那天早上，在前门附近的一个小饭店，父亲先给我买了一碗炸酱面。炸酱面虽然好吃，但是我却被店门口那一锅飘着浓郁香味的卤蛋吸引了。这个鸡蛋怎么这么奇怪，棕黄的颜色还散发出那么香的味道，看起来就很好吃的样子。于是我放下了筷子，假装被面辣到了，一边嘘哈着嘴巴一边眼巴巴看着父亲。他赶紧问我是不是面太辣了。我连忙点点头。他说，要不买个卤蛋吃吧。我克制住内心的高兴，开始品尝父亲给我递过来的卤蛋。由于是第一次吃，我当时觉得卤蛋味道好极了，浓香之中有我喜欢的酱油味道，吃起来脆脆弹弹的。以后多次去北京，再吃卤蛋都没有当年的美味了。当然，父亲一直不知道我其实是想吃卤蛋才不吃炸酱面的心思，根本就不是因为面太辣了。

从北京返回，父亲找人买到了一张火车软卧票，这在当时据说是有身份的人才能买到的，另外一张则是以我的名字买的普通硬座票。上火车时，我们俩分开坐，查完票后，父亲就过来跟我换了座。这样，我就在软卧车厢睡了一个连日来的好觉。

跟着父亲出差，想起他对我无微不至的照顾，我才体会到，他们这一辈人在奋斗中摸索着前行，其实背负了很大的压力。他的耐心和包容在外面可能都用尽了，负面情绪就带回了家里，所以才对执拗又耿直的我那么凶。

到了无锡站后，我没有立即跟父亲回去，而是跟着我阿姨家的一个表姐去了她住的地方。那时候表姐已经上班了，在工厂做设计师，住在集体宿舍里。城里的生活比农村要丰富很多，表姐去上班的时候，我大部分时间就在她宿舍里看书，还能去她们图书馆借书，有的时候也能去她的办公室里看看。吃饭也不用操心，我直接去食堂打饭菜，还有冬瓜海带汤之类的免费汤喝。比起在农村工厂上班的另外两个表姐，这个表姐自由又无忧无虑，还有那么多书可看的城市生活真是令我无比羡慕了。

而我第一次吃冰砖也是十岁的那个暑假，在无锡阿姨家里。因为去一趟不容易，热情的阿姨会把家里所有好东西拿出来招待我们。阿姨家的房子有一个小小的露台，花花草草就摆在上面。我在她家里第一次看到种在花盆里的石榴树，上面还挂着一个小石榴，精致中显得很可爱。那天，阿姨带我们去公园玩，天气炎热，她就给我们买了冰砖解暑。那是我第一次知道这种吃起来甜滋滋又透心凉的东西叫冰砖。还有无锡的法式面包，也是当时我爱极了的美食，松软香甜，一口下去，整个人的心情都变得好起来。

对于我这个来自农村的孩子，无论是跟随父亲去大城市出差，还是在无锡阿姨家，大城市的文化氛围、环境和各种美食都深深地吸引着我。我那时就想，我将来是一定要去大城市生活的，我要做一个独立又优雅的人。

第三章　青春之歌

择校风波

　　无忧无虑的童年终于在 1986 年 9 月戛然而止。我要离开家乡去江阴上初中了。选择去江阴一中，也是经历了一些波澜的。

　　那一年的 4 月 12 日，我们国家颁布了《中华人民共和国义务教育法》。那可是中国教育史上的一件大事，从此我们确立了普及义务教育的制度，也表明我国基础教育即将迅速发展，课程和教学改革即将进入一个新阶段，是现代中国教育的里程碑。这件大事跟我当年 9 月上初中的变化似乎也有一些联系。

　　我们当地当时有四所中学。主要招收附近农村孩子的那所初中离我家最近，本来应该是首选，但由于过去几年的中考成绩相当不理想，周边村子但凡家庭条件允许的学生都选择去其他学校就读。特别是我入学前的一届中考成绩简直可以用"全军覆没"来形容。家里因此准备让我去教学质量最好的另一所初中上学。这所学校离我家不远，隶属于陆桥镇。我阿姨和学校的领导认识，就提前打好了招呼。不料，临近开学的时候，这所学校突然提出要我家交 3000 元赞助费。彼时，一个住校生一个月的生活费才 20 元，他们居然狮子大开口要收取这么一大笔钱。

那时我爷爷刚好从县委书记的岗位上回到村里不久，也正是我们村工业化建设的初期，大家出钱出力投入"三化三园亿元村"的建设中。为了实现这个规划，家家都是勒紧裤腰带过日子。这 3000 元比我家全年的收入都要多，我们当即决定，这样的学校不念也罢！

后来我了解到，我的小学同桌也去了那个学校，但是不需要交一分钱赞助费。我真是想不通，我们来自同一所学校，我的成绩还比同桌好，学校为什么只向我家收赞助费呢？如此看来，这笔赞助费有点莫名其妙。大概因为我们华西村的经济条件已经相当不错，他们又知道我是吴仁宝的孙女，可能想趁机捞一笔吧。

被我们拒绝后，这个学校又让人带话给我父母，说不用收赞助费了，欢迎直接入学。可谁知道入学后会不会发生别的什么事呢？我们没有因此回头，而是毅然去了江阴一中。

也幸亏没有留在镇上念初中。为了升学率，镇上的学校都是通过无休止做题来提高分数。这种牺牲学生休闲时间、靠题海战术赢得升学率的教育方式肯定不适合我。另外，后来我没去的这两所学校都并入我们华西实验学校了，那些老师们也都成了我的下属，如果他们摆起"曾经是吴洁的老师"的老资格，对我的管理势必要加大难度的。

对于从小就渴望外面自由生活的我来说，离开了家乡，按理说是相当放松而快乐的。但现实却没有那么可爱。

刚到学校不久，有的老师知道我是吴仁宝的孙女，还了解到我二叔能买到很多紧俏的商品，他们就拜托我给家里带话或者捎字条，条上写着他们想要的东西，比如烟酒之类。我本来就是一个爱憎分明的人，非常厌恶靠关系走后门的事情，这样的话根本说不出口，于是我就没跟家人提起。还有的老师想带人去我们华西玩，叫我给爷爷带话让村里招待，我也没说，谎称父亲和爷爷都不在家。因为三番五次没有给老师们办成事，一些老师从曾经对我的殷勤慢慢冷淡下来，甚至有的时候故意让我难堪。

我的堂弟也遇到过不少这样的事情，他同样不愿意给家里人增加麻烦。堂弟为了摆脱这些想通过爷爷找关系的老师，最后不得不转学了。堂弟还因此跟爷爷提意见，"抱怨"地说："做吴仁宝的孙子啊，太不容易了。"

另一个更大的苦恼也困扰了我许久。我从乡下来，乡下小学的老师上课都是用土话教学的，没有人说普通话，所以我听大家说普通话就比较费劲，自己说起来也带有很浓的口音，乡土味儿十足。

初一刚开学的第一个星期，我就深深体会到了挫败感。一节语文课上，班主任吴新伟老师要听写一段话，其中有一句是"一场秋雨一场寒，十场秋雨要穿棉"，而我竟然完全没听懂。

不仅不能完全听懂普通话，自己说出来也闹了不少笑话。一次，在班主任吴老师的课上，她让我站起来读一段文章。我一边读，同学们一边在偷笑，我并不知道他们在笑什么。吴老师当时也没有指出来我的发音问题，更没有斥责笑话我的同学，而是从那以后会经常让我站起来读课文。慢慢地，同学们的笑声少了，我的普通话也越说越标准。后来我才理解这是她在有意识地训练我，不仅让我发音更标准，也锻炼了我的胆量。

小学的时候因为都在一个村里大家相互熟识，老师们自然因为我爷爷的身份而对我格外照顾，而我的父母和我都是不懂溜须拍马也疏于人情世故的人，就没有跟老师们搞好关系。但是到初中，遇到吴老师这样细心对我的老师，我深深感受到了关爱和满足。后来，即使我毕业多年，父亲也时常提醒我："吴老师对你那么好，不要忘了人家，要时不时去看看吴老师的！"父亲发自内心对吴老师的尊重和感激，自然就让我心里谨记别人对自己的好，更要回报恩情。

后来的三十多年里，每到立秋节气，"一场秋雨一场寒，十场秋雨要穿棉"的话就会从脑海里蹦出来，告诉我要开始记录下雨的次数了，等到下第十场雨的时候就要穿棉袄了……

师恩永难忘

幸好遇到了班主任吴老师，我从语言开始逐渐甩掉农村孩子的自卑。不仅是吴老师，还有任老师、鲍老师、徐老师……他们都给过我关怀和帮助，使我铭记至今。

本来以为住学校可以远离父亲，就完全自由了，没想到离开家才一天，我就后悔了。不是因为不适应学校环境和学习节奏，而是太想家了。

住校的第一周我几乎每天都哭，下课哭，上课也哭。在一次英语课上，我又在默默流泪。英语老师走到我身边，关切地问："是不是眼睛不好？"一直连续哭了好几天，吴老师终于找我谈话了。她了解到我是因为太想家才哭，就严肃地跟我说："不能学祥林嫂那样总让别人觉得自己可怜，要坚强。"我也不知道哪来那么多眼泪，听她说完我还是忍不住又哭了一场。

吴老师为此对我更上心了，甚至在生活上也对我特别照顾。那时的江阴一中，各种硬件条件都非常简陋，尤其对于住校生而言，似乎没有什么是让人如意的，最不方便的就是上厕所。很多时候女生半夜尿急了就只能在宿舍里用洗脚盆解决，第二天天不亮就赶紧趁人少的时候去厕所倒掉。

这还不算什么，要是想洗澡就更不可能了。冬天忍一忍，到周末回家再洗，夏天就只好打了水在宿舍里擦一擦身子。我们班上有四个住校生，只有我一个女生。吴老师就让我去她家洗澡，她怕我不好意思，特意说："我家离学校近，家里有很多煤球，每天都烧很多热水，你尽管去我家洗澡吧。"因为吴老师说家里煤球多，烧水用不完，我就信了，真的就三天两头跑她家里去洗澡。

不仅去洗澡，我还常去吴老师家里蹭饭吃，时常吃到她亲手包的美味的馄饨。在她家吃馄饨，要准备一个盘子和一个浅口小碟子。馄饨盛在盘子里，小碟子是用来放蘸料的，就像北方人吃饺子一样。"你要不要放点糖？"吴老师一边往我碟子里倒醋，一边问我。尽管觉得奇怪，但在老师面前我非常听话，于是就点点头，而心里却在想：这样的馄饨能好吃吗？在我们乡下，馄饨是放在一只大碗里，不放醋，而是倒上我们当地生产的华士酱油，再加上一大勺白花花的猪油。我抱着试试看的心态浅尝了一口蘸着白糖和醋的馄饨，没想到像是一下子打开了一个新世界，这种酸甜口味结合起来的馄饨吃着更有味道，不仅解腻还爽口。更没想到的是，后来的我竟然一直保持吃馄饨要用醋和糖作为调味的习惯。

多年后，我和吴老师说起去她家洗澡的事，还提到她家的煤球。她哈哈大笑地说："我特意这样说的，就是怕你不肯来我家。"被吴老师这么一逗，我心里开始觉得有点惭愧了，那时的我又憨又耿直，从没想过会给她增添麻烦。

我是何其幸运，自从初中开始，就一直遇到关心自己的老师。

入学一个月后，我终于熬到了国庆节。以前的国庆节有三天假期，对于一个住校生来说是多么开心的事情。为了节约时间，我放假前一天中午就把行李整理好带到了教室，想着一放学就可以直接奔向车站。

但没想到那天吴老师放学拖延了时间，而且又正好碰上是我值日。做完值日后，尽管我飞快地跑去车站，但还是眼睁睁看着班车开走了，我只得悻悻地拖着行李返回学校。

走到学校门口，我正好遇到了教数学的任老师，她是一个和蔼可亲但又非常有原则的人。任老师的儿子跟我一个班，但是她从不娇惯、放任他，还经常当着我们的面批评他。任老师知道我的情况后就带我回她家，说让我和她女儿一起睡，第二天再送我去汽车站。

在回任老师家的路上，我们又碰到了另一位老师。这位老师不教我，我当时甚至都不知道她姓什么。她却问起来我的情况，任老师告诉她我是华西人，是吴仁宝的孙女，没有赶上回家的班车。这位老师立刻热情地邀请我去她家住，因为第二天一早她爱人单位有厂车去周庄电厂，可以顺道带我回去。我知道周庄电厂离我们华西很近，所以一听她说第二天可以跟着厂车回家，我想也不想就答应跟她回去了。任老师再三邀请我去她家，我完全听不进去。

跟她回家的路上我才知道这位老师姓徐，在我们学校教英语，说话略带上海口音。她告诉我，她爱人经常去华西，和我爷爷是认识的。经她这么一说，我一下子就感觉到跟她亲近起来。徐老师一家住在学校附近的一栋职工宿舍楼里，她家里收拾得非常干净，有一个读小学低年级的女儿。吃过晚饭后，我住在她女儿的房间，而她就和父母挤在一张床上。我现在还记得，第二天使我从睡梦中醒来的是厨房里飘出的煎馄饨的香味儿，"嗞嗞"的油炸声里弥漫着鲜肉的焦香……

离开华西，我在外求学的每个阶段，都会遇到让我感受到温暖的老师。直到我自己成为一名老师，以及后来做教育的这些年，我都以他们为榜样。我希望自己能温暖更多的孩子，让他们的童年记忆里也有那么一位难忘的良师。

2018年6月，吴老师突然因病去世。我从表妹那里得知消息的时候，简直不敢相信那是真的。正月里我还去拜访了吴老师，当时看她精神状态还不错，只是面部有些浮肿，她还跟过去一样总为各种事情发愁。孰料不到半年，她竟匆匆离去。

那段日子，吴老师的音容笑貌时不时在我脑子里出现，我还会想起她在课堂上给我鼓励的眼神，想起在她家洗澡和吃馄饨的趣事，想起她给我送来的粽子……一辈子的恩师，怎能忘?

温暖同窗情

在老师们的关爱下，尤其在吴老师的鼓励下，我逐渐告别自卑灰暗的阴霾。不久之后，我的初中生活就如鱼得水了。

吴老师尽管对我们都很和善友好，但上课时也是很严厉的，对我们的学习态度要求极其严格。班上有个姓张的同学，他的父亲在公安局工作，因为这个同学经常不做家庭作业，吴老师就要请他家长到学校，但是家长没有来，吴老师居然直接跑到公安局去找家长。这件事让我受到了不小的震慑，很害怕哪一天因为违反学校纪律或者成绩不好而被吴老师叫家长，那岂少得了一顿"笋烤肉"？也因此，我初中学习非常认真，这种压力竟然成了学习的动力。后来，我不仅评上了学校的"三好学生"，也评上了无锡市级"三好学生"。

我原本还是最喜欢音乐课的，但是初中的音乐课用的教材跟乡下的不一样。城里的小学就已经学五线谱了，到初中大家自然而然就都会。但是我们在乡下小学学的都是简谱，没有学过五线谱的我都蒙了，那些符号在我看来简直就是天书。不仅如此，音乐课还要考试，不是简单唱首歌就行了，而是笔试，考的就是乐谱。

这些对于我而言真是太难了，音乐老师也不是单纯教唱歌，还有不少乐理知识。这样，原本是我擅长的音乐课反倒让我有点抗拒了。幸好，由于我从小喜欢唱越剧，还有一些基础，吴老师就让我代表班里去表演节目。当时我们班是无锡市优秀班集体，能为班里的评级奉献一小份力量，我也是相当自豪的。虽然不再喜欢音乐课，但这并没有影响我对音乐的热爱。

就连父亲给我买了用来学英语的随身听，里面播放的也是我爱听的越剧唱段和流行音乐。我当时爱极了张雨生的歌，"如果大海能够唤回曾经的爱，就让我用一生等待；如果深情往事你已不再留恋，就让它随风飘远……"这样直白又深情的歌词深深打动着我，随身听里的《大海》经常单曲循环伴我入睡。多年后，和家人去台湾旅行，我还特意去参观了张雨生的故居。

除了听歌、抄歌词，看言情小说就是我最大的爱好和课后消遣了。上初中后，我各科学业都还不错，而且大部分作业都在课间写完，回到宿舍就没有什么事情可干了。那时候的我也不擅交际，只好用看课外书来打发时间。那个年代的女孩子看琼瑶的言情小说，就像现在的孩子们捧着手机打游戏一样入迷，是可以忘掉一切的。

初中的时候我开始变胖了，一个原因是不爱运动，总是坐着学习或者躺着看小说，另外最主要的一个原因是我每天晚上都要吃夜宵。我们那时在学校吃饭都是八个人一桌，四个男生和四个女生，午餐是三个菜一个汤，晚餐是两个菜一个汤。菜很少，汤是装在一个很大的盆里。食堂没有椅子，大家都是站着吃。而我吃饭很慢，小时候在家都是细嚼慢咽的，每一口菜要含在嘴里吮吸很久，直到索然无味才细细磨碎了咽下。同学们通常是下课铃声一响就冲到固定的餐桌前开始吃了，以我的吃饭速度自然是抢不到什么菜，只能挨饿了。因此每天下晚自习回到宿舍，我还要泡一碗方便面吃，吃完才心满意足地睡觉。这样的饮食习惯让我长胖了不少，意识到这个问题后，我就想要戒掉夜宵，只好加快吃饭的速度，让自己晚饭多吃一些才不需要用夜宵来弥补。只是没想到那时养成的吃饭速度直到现在也慢不下来了，无论多美味的佳肴，我也是三两口就草草吃完了。

虽然我不擅长和同学们来往，但是好多同学都对我很好。大概因为我是班里唯一一个住校的女生吧，大家从吴老师对我的关怀中也不自觉产生了要帮助我的想法。那种不期待回报的帮助，纯粹而美好，现在很难再有了。

　　初一的那个中秋节，因为我们才刚到校不久，也没有假期，更不会因此请假回去。我的同桌住在城里，她就邀请我去她家里吃饭过节。在她家里，我又再次感受到了城乡差距——她家里很干净，生活各方面都比我们讲究多了。同学家里准备了满满一桌子的菜，她母亲特别勤快，吃完饭后立马收拾桌子打扫卫生，她竟然是跪在地上擦地板的。我第一次看到这样的场景，许久说不出话来，既震惊又有点蒙，怎么能爱干净到这种程度？那天晚上我住在同学家，我们一块儿写地理作业，因为搞不懂经线和纬线的知识点，她母亲还亲自教我们。我可真是羡慕她有这样一位有知识、有文化，还那么勤劳能干的母亲。

　　还有一个同学过生日，也邀请我去她家。我当时可惊讶了，我们在农村是不会给小孩子过生日的。他们在城里居然可以过生日，而且还能邀请同学去家里办聚会。这真是让我开眼界了，这种有仪式感的生活让我体验到受重视的感觉。自那次以后，我也学着城里的同学一样开始每年都过生日了，还邀请亲戚和同学们到我家里吃饭，这种仪式感让我很满足。

　　第二年初春三月，乍暖还寒的时节，有一天突然下起大雪来，而且接连下了好几天。开学不久我以为不会再冷了，周末回家时就把棉鞋带了回去，换成了普通球鞋。因为学校宿舍有规定，床底下只能放两双鞋，一双拖鞋和一双上课穿的鞋。尽管下着雪，我也只能穿着薄薄的球鞋去上课。雪水打湿了鞋子，坐在教室里简直冰冷刺骨，寒意从下往上蹿，我忍不住一直搓手、跺脚，希望通过活动带来一点温暖，但还是冻得直哆嗦。这么大的动静被坐后面的同学发现了，她当时没说什么，第二天却给我带来了一双棉鞋。我赶紧套到脚上，暖意马上环抱住了我。

同学们对我这个住校生的关心也一直温暖到我毕业。在城里读初中的这三年，我真切感受到了来自亲人以外的关怀，这让我始终相信世界的美好。我也想用这种美好去回馈社会，无论对什么人、做什么事，我都希望能让大家感受到我的关注和关怀。即便只是帮上一点小忙，献上一点点绵薄的力量，我也会感受到同样的温暖和被需要的满足。

往后多年，我的全面发展应该都得益于初中的学习。如果我在农村上中学，肯定不会受到艺术的熏陶和多种课内外活动带来的新鲜感，可能每天都沉浸在读书、写作业、考试的循环里。也就是那个时候，我真正感受到了城乡间的差距，这种差距就是受过一定教育后带来的人与人在为人处世、生活水准乃至人生追求等多个方面的不同。

美好的幼师时光

初二的暑假里，我随村里人去北京住了一段时间。我和他们住在一个院子里，那里有好几个房间，还有一个卖杂货和零食的小商店。

我们村有几个出来在饭店当服务员的女孩子也住在那里，她们每天打扮得漂漂亮亮地去上班。跟她们相比，我觉得自己简直土得掉渣。当时的我心里冒出一个想法，等我初中一毕业就和她们一样赶紧到城里上班。这样的想法跟随了我很久，心里根本没有对大学的向往，也不想上高中。

我们村当时很少有女孩子读高中，考上大学的。那时的人们大多认为女孩子小学时候读书好，可是随着年龄增长，成绩会越来越跟不上，考高中和考大学都是很困难的。村里有一个小姐姐，虽然考上了重点高中，但是连考三年大学都没有考上。那个年代的农村学生在读高中和中专之间，绝大部分人都是选择后者。当时的中专生毕业后国家还给分配工作，他们可以尽快减轻家里负担，早点工作能早日补贴家用。值得一提的是，那时候考中专的分数比高中还高，很多县城里中考前几名大都去了中专。这种中专和师范包分配工作的政策一直持续到1996年，所以这之前的中专生还是比较神气的。

反观村里，到1988年底，我们村的西片已经是一眼望不到边的一大片工厂群，我们不仅实现了农工商的全面发展，还实现了三年前爷爷制定的"亿元村"目标。大家不仅生活水平得到了极大的提高，年轻人也不愁没有工作机会。大部分学生初中毕业就直接进工厂工作了，大家都认为既然能出来挣钱了，为什么还要去念书呢？因此很少人继续上高中，想考大学的就更是凤毛麟角了。

看着学校里的学生越来越少，一个个稚气未脱的孩子却早早进了工厂，爷爷心里很不是滋味。原本为了带动大家共同致富，没想到耽误了他们接受更多的教育。为了鼓励大家继续上学，村里就给初中生以金钱奖励，从初一开始就能从村里领"工资"了。大家想到读书还能跟上班一样挣钱，既然年纪还小就继续上学吧。在这样的鼓励下，不少人才勉强把初中念完。在这样的氛围下，不免俗，我也是深受影响的。

我坚定了想法——要么初中毕业就去工作，要么最多再上个中专。加上小学时遇到那两个能歌善舞、打扮漂亮的幼儿园老师给我留下了深刻的印象，我几乎是没有多考虑就想好了要读幼师，幻想着将来也像她们一样。

父母知道我的想法自然表示了强烈的反对，只有爷爷奶奶支持我。爷爷说："随她吧，她喜欢就让她去！"我在升学志愿上填报了江阴市教师进修学校的幼师班。中考成绩过关后，还需要体检和面试。那是七月下旬的一天，酷暑难耐，是奶奶陪我坐着公交车去城里。上午先在医院体检，每一个项目她都陪在我身边，到下午又陪着我去学校参加面试。

这所学校不大，学校环境并不比一中好，但面试的老师特别亲切。尽管不知道能否录取上，但我已经喜欢上这所学校了。特别是后来教我们舞蹈和手工的两位年轻女老师，面试时对我满脸笑容，且轻声细语，我一眼就喜欢上她们了。这两门学科对我的影响已经深入骨子里了。直到现在，当我喜欢的音乐响起时，我都会忍不住舞动起来；生活中也会无意识地运用当年手工老师教我们的一些技巧，去装饰我喜欢的物件。

在初中三年住校生活的锻炼下，我的独立生活能力比不少同学都强。新生报到的时候，就是我自己拖着行李过去的，其他同学多是由家人陪同。一系列的入学手续也是我不断问人、问路给顺利办好的。

当我走近宿舍看到那一排平房时，整个人都愣住了，再看地面竟然还是古老的青砖地板。初中好歹还有楼房呢，虽说是木结构的，至少看起来显得高档一些。学校的操场也很小，或许正因为如此，我才"因祸得福"——学校没有体育课，取而代之的是体操课！我暗自庆幸，终于可以不用测八百米跑步了。初中考八百米测试，是我最痛苦的事，虽然能坚持到最后，但每次会吐得一塌糊涂，想起来就胆战心惊。

而体育老师正是我们的班主任，她极其细心、用心地对我们每一位同学，努力给我们创造各种机会。我在初中的时候就是团支部书记，这次我毛遂自荐还想做这个班干部。班主任不仅批准了我的申请，还鼓励我多参加其他活动。

团支书这个职位让我得到了很多锻炼。我们每年都有一些汇报活动，我做过活动的主持人，这可真是综合能力的体现。首先主持词需要自己写，要把各个节目串联起来。其次，我不仅做主持人，自己还要表演一个唱越剧的节目。这个兴趣和特长真是贯穿了我的一生。再加上舞蹈老师对我的悉心教导，让我这个没有身材和身高优势的普通学生，也可以掌握好节奏韵律尽情地展现我的舞姿。

有了多次这样的机会，我自己也积累了很多主持和舞台经验。我不仅能自如地主持一些会议和活动，也能很自信大方地表达自己。在后来的工作中，我也常常为老师们提供这样的平台，让他们都有机会去展现自己。

那个时候给我印象深刻的还有我们的校长。他长得胖乎乎的，戴着眼镜，满脸慈祥。他在校园里无论遇到老师还是学生，都会主动跟我们打招呼，总是笑盈盈的。

这样的领导，我后来是很少碰到了。印象中，我爷爷和我父亲也从来没有高高在上地摆架子，总是能和大家打成一片。我很喜欢他们那种风轻云淡的感觉，做事积极严肃认真，做人却和蔼包容。

我的青春期就是在音乐、舞蹈这样充满律动的节奏中开心地度过了，到现在我仍对那些关心、爱护我的老师们心怀感激。老师们的呵护和严格要求，才让我在充满爱的环境中有了满满的安全感，没有出现青春期叛逆的行为和压抑的负面情绪。现在，我们很多青春期的孩子为什么那么逆反又抑郁？或许就是整天埋头于题海，缺少了这样美好而轻松的环境。

上海苦读

20世纪90年代初，村里开始筹划要做海运。

1992年，大概四五月的一天，我记得正是吃蚕豆的季节。爷爷和我说，村里正要派几个年轻人去上海海运学院学习，让我准备一下。这猝不及防的告知，虽然好像打乱了我的职业规划，却正中我下怀。

快要从幼师毕业那年，我的班主任会经常和我说："吴洁，你哪里也不要去，就回华西当园长！"其实她的意思就是当时华西的学前教育已经落后了，希望我学以致用回去做一些改变。每次班主任这样说的时候，我都不会接她的话茬。尽管我想当老师，却不是回村里去，因为在我心里一直有个坚定的想法：我要当城里人！

而爷爷要派我去上海深造，无疑离我的梦想更近了一步。

我自然是无比欢喜的。

从 20 世纪 80 年代中期开始，华西就有了针对人才"请进来，走出去"的培养计划，尤其对外聘进来的专家更是格外珍惜。

印象中有一位江南大学的本科毕业生，他是当地人，家住几公里远的旁边乡镇。他刚来华西工作时，一连几个月都在我家吃饭，后来才去集体食堂吃。还有一位来自西安煤矿学院的老师，他是全家人过来的，村里安排他们吃住在宾馆，也给出了村里很有诚意的薪金。

村里曾经与江南大学合作，请老师们过来对企业员工进行专业培训；也和南京的一些大学联合开办夜校，对村民进行英语培训，以适应越来越多来自世界各地的游客。

在"走出去"方面，村里从 20 世纪 70 年代就开始送适龄青年出去上大学了。其实就是村里和学校合作，委托学校培养我们，学成归来建设家乡。我父亲大概是最早的一批，等到 20 世纪 80 年代又送几个青年去了苏州的技术学院学习，接下来就是我们五个去上海的，随后有两个去了日本，后来还有派去北京学西班牙语和葡萄牙语的……

以前看着请进来的专家陆续离开、送出去的年轻人不愿回来，我就在想：这种培养人才的方式是否有意义？直到我自己有机会外出深造，才意识到对当时的华西而言，这是非常有价值的。从我本身来看，去上海那三年的学习是非常珍贵的，让我极大地开阔了视野，也拥有了村里同龄人不曾有的自信。

等待的日子总显得那么漫长，终于迎来九月份开学了。

我们五位华西的青年在我父亲的护送下一起到了上海，又在华西驻上海办事处主任的陪同下来到了目的地。在出来之前，我们的家长都和村里签了相关协议——学业结束后必须回华西工作，如果不履行协议，就向村里退赔一切费用。我们的任务就是好好学习，学成回去，村里会买海洋大轮船搞海运。

后来才知道，村里原本是计划安排部分村干部参加这所学校举办的在职培训，但是他们都觉得任务艰巨，不敢接应，于是才让我们几个刚从学校毕业的"70后"有了深造的机会。说起来，我们五个还都是小学同学，原本是中专毕业就各谋出路、与大学没有缘分的人，这下真是捡了"大便宜"。因为都是没有工作经验的年轻人，所以负责接洽这个项目的上海海运学院外语系直接安排我们几个插班生进了全日制班学习，这对我们确实是不小的挑战。毕竟那些大学生本来就很优秀，我们基础薄弱还中途插班进来，后面的困难就可想而知了。

村委对我们也极其重视，用了当时村里最好的面包车把我们送去学校。上海海运学院在浦东，那时候学校附近还有农田。当面包车驶进海运学院，看着两旁高大挺拔的香樟树，我心里暗下决心：一定要珍惜这来之不易的学习机会，一定要好好学习。"报效华西"的念头第一次从我脑海中闪过，进校门的激动和感恩之情让我忘了自己要远离农村、做城里人的梦想。正因有了这样的心思，在接下来的学习中无论遇到多少困难，我都坚持了下来。

果然，打击来得那么迅速且无情。

开学后第一次摸底考试，我们几个都没有及格。考卷对我而言就是天书，我愣是什么也没看懂，考的38分完全靠蒙。全英文教学让我感觉每一节课都是煎熬，真不知道第一周自己是怎么熬过去的。但我清楚地记得，那个周六的下午快放学时，无锡籍的郑老师来看我们，我居然"哇啦哇啦"大哭起来。郑老师可能是第一次遇见这样的场面，他赶忙安慰我说："今天周末，你跟我回去吧！"我好似抓住了一根救命稻草，想也没想，擦干眼泪坐上他自行车的后座就跟他走了。

郑老师的家住在离学校几站路远的潍坊新村。当我和郑老师一起回到他家时，显然他家里人完全不知情。郑老师的爱人有一瞬间的诧异，听完郑老师简单介绍后，她马上热情地招待我，并用家乡话安慰我，让我不要着急，慢慢来，总会跟上其他同学的。晚上，他们特意把小女儿的房间让出来给我睡，他们家小女儿大概是读五六年级的样子。那一晚，躺在郑老师家小女儿的床上，我对学习的担忧突然少了一些，睡得特别踏实。

后来，系里考虑我们几个插班生的学习的确有困难，特意安排老师给我们补课。我知道这都是因为我们来自华西村，而我又是吴仁宝的孙女，我们才能受到特别的优待。正是自己总想远离的那个地方，带给了我无限的自豪和荣光。正因为如此，我暗暗下定决心——必须努力学习，不能给我们华西抹黑。接下来的一年，我开始了从未有过的苦读生涯。

每天凌晨4点，我就起床点着蜡烛开始读书、记单词、背句子，晚上无论多么困，我都坚持12点以后再上床睡觉。上课之外的时间，我几乎都在图书馆度过，在里面一待就是半天或者一天。这样苦熬一段日子后，可能是精神压力过大，每天晚上入睡后，我总有喘不上气的压抑感。后来听人说，在枕头下面放把剪刀就能消除这种情况。我竟然悄悄尝试了，没想到还奏效了。这当然是无法用科学解释的，其实大概就是我的压力转移了，得到了心理安慰罢了。

两耳不闻窗外事，一心只读"ABC"的第一年，我在学院也曾风光过。那年的中秋新生联谊会上，我给大家唱了一首歌，毕竟我也受到过歌唱的初级训练，相比很多同学都专业一些。我的初次亮相就吸引了院学生会的注意，他们给我发来邀请，希望我加入他们。但我毫不犹豫地拒绝了，因为在我心里想的是，到学校来是为了学习，而不是参加活动的。同宿舍的同学很为我感到惋惜，可是我一点不为所动，因为学好英语、追上别人才是我当时最重要的事情。

或许也是因为有老师们毫无保留、不辞辛劳地为我们补课，我要追赶上同学的欲望更强烈。为我们补课的老师都是牺牲他们的休息时间，无偿为我们讲课。我家里人因此很感动，等我十一国庆放假回家，我父亲给我准备了一些螃蟹带给老师，结果那个老师把螃蟹都跟大家分享了。老师们不计酬劳、不畏辛苦，只想着让我们进步，这种恩情让我铭记至今。

如果不是郑老师和系里的其他老师对我们的关心，我们几个很可能都要当"逃兵"了。而对我影响最深远的还是我们系主任王菊泉老师一家。王老师是知名语言学家、教育家吕叔湘的学生。我的英语基础最差，他就让他爱人每周帮我补习两次高中英语。王老师的爱人张老师是一所高中的英语教研组组长，她脾气温和，教得也特别好。

张老师给我补课的地点就在她家里。晚饭后，我准时到她家，张老师有时在洗碗，有时已经在厨房里的餐桌旁坐着等我。而王老师总是在查资料，那时他正在参与编写一部字典，书桌上堆得满满的都是各种书籍。她家很小，五口人住里面显得有点拥挤，没有多余的家具，一家子安安静静地看书、做学问，小小的屋子却能让人感受到知识的力量和情感的厚重。这种独特的家庭文化氛围特别吸引我，多年来一直成为我向往的一种生活，平淡从容中是心灵碰撞出来的幸福。

入校第二年后，我每天都听英文广播，随着词汇量不断增加，慢慢就能把国外的新闻播报基本听懂了。通过那些节目，未曾走出国门的我开始对外面的世界有了遐想。尤其当听到越来越多的同学开始讨论出国留学的话题时，我也蠢蠢欲动。那个时候，我的生活里都离不开收音机了，我基本是从食堂把饭带到宿舍，一边吃饭一边听。晚上宿舍熄灯后，我也依旧开着收音机听各种电台，一直听到电池的电量消耗殆尽……

在上海求学的三年，是我过得最充实的日子，我因此感到了时光飞逝的无情。到了大学我才真正知道外面世界的美好，庆幸自己听从了爷爷的安排，没有止步于中专。我时常在想，如果我在中考前就去过好的大学校园，哪怕只是摸一摸校园里的建筑，走一走林荫间的小路，再看一看捧着书本着急赶路去上课的大学生，那我肯定就会上高中，一心考大学了。更不用说遇到了这些带给我能量的恩师，他们的教学态度和人格品质对后来我从事了半辈子的教育事业产生了深刻的影响。

一所大学之所以称"大"，不仅是有大楼，更要有大师的支撑，幼儿园、小学、中学亦是如此。以前我们还可以靠硬件吸引村外的孩子来到我们华西、留下自己的孩子，但如今生源越来越少，如果不进一步加大对教师的培养力度，不重视挽留优质教师，不促进人才引进，我们的大楼很可能就要空空如也了。

第四章

初识幼教

.

人要脸，树要皮

20 世纪 90 年代初的华西村在国内已经很知名了，经常有大量来自全国各地的参观者，也有相当数量的外宾。而我在上海学的就是英语专业，当我从上海学习回来，就直接去到了村里的接待站工作。当看着同学们为找一份心仪的工作而四处投简历劳累奔波时，我既羡慕又庆幸：羡慕的是他们的自由，可以为了自己想做的事情去努力奋斗；庆幸的是我不需要经历这些坎坷和波折，回村就能找到一份很不错且擅长的工作。

接待站就像华西村一扇对外开放的窗口，我们张开了双臂欢迎来自五湖四海的朋友，我们工作人员的一言一行也代表了华西的形象。接待站就设置在村口。起初，外来的客人都从接待站进行登记后进村。那个年代还是散客比较多，他们拿着介绍信过来，我们就要做好导游、订餐、住宿等接待工作。

工作后的第一节思想教育课就是爷爷给我上的。

那天，爷爷带着我们几个刚从学校毕业才参加工作的年轻人一起参观华西。尽管生于斯，长于斯，华西村里的每个角落我都去过，但很少仔细了解它们的历史和存在的意义。走进农民公园，爷爷给我们介绍为村里起家做过贡献的建业窑；在二十四孝子亭旁，他又给我们讲古代孝子的故事。从二十四孝子亭到长寿亭之间有一个小山坡，是由当年开挖河渠的土堆砌而成的，彼时，已经是绿树满坡。爷爷突然停下来，指着一棵树问："你们知道这棵树和别的树有什么不同吗？"我们几个都摇摇头，他抚摸着树干跟我们说："发现没有，这棵树没有树皮，但它一样活着，就如同现在社会上有些不要脸的人一样。你们要记住呀，人要脸，树要皮！"我不知道其他几个人可否记住老书记对我们的叮咛，但我记住了，而且永远记住了。

其实，自建村以来，华西一贯重视村民的思想道德教育。我爷爷不仅提出"既富口袋，又富脑袋"，还把公民道德建设作为乡村文化、企业文化的"主旋律"。

在我到接待站的十年前，我们村就创建了"精神文明开发公司"，专门负责精神文明建设的"产、供、销"，设经理和采购员，在村办企业聘了二十多名信息员。经理给收集上来的思想信息"对症开方"，采购员负责采购有针对性的学习资料，整理村民在精神文明建设中的优秀事迹等。2000年起，华西又每年投入两百多万元用于特色艺术团建设，充分利用身边的人和事，自编、自导、自演了《华西人》《要看稀奇到华西》等剧目，由爷爷亲自编写的《十富赞歌》《十穷诫词》《华西村村歌》成为老少爱唱的"流行歌曲"。

而此时，聆听完爷爷的教诲后，我们就开始进入各自的工作岗位。

我在接待站的主要工作就是接待参观华西的外地客人。最初的工作就是日复一日地带团，不停地反复地讲解，没有星期天，没有节假日。这样一段时间后，我觉得很枯燥无聊，而且从乡下去城里也不方便，关键是每周末晚上还要开会，这些安排让刚踏上工作岗位的我非常不适应。村民们早已完全习惯并满足于这种日出而作、日落而息的生活，可是我毕竟在城里读书多年，根本无法理解这样的生活。没有激情，一成不变，我要一直这样过下去吗？

不久后，我开启了得过且过的模式。每天就是数着时间等下班，下班后要么和几个年轻人骑自行车到处闲逛，要么把时间泡在歌舞厅，在没有目标的日子里感觉时间过得特别缓慢。

幸好，母亲很快发现了端倪。她开始经常在我耳边提醒："在单位要勤快点、认真点，多做一点没有关系的！"这样的唠叨对我还真是很管用的，我及早清醒了。在母亲的提示下，我开始抢着干活。最记得每天的升旗降旗，只要不下雨，龙凤广场上的几十面旗都由我们接待站员工去升降。而且每年会换一次新旗。那些日子里，把国旗、村旗和其他三十多面厂旗一一升起来，是我每天最自豪的时候。旗帜徐徐上升的过程中，我也会热血沸腾。

升旗成了我每天给自己工作续上动能的来源。后来，这道美丽的风景线没了，我也失落了很久。

1996 年是我们村建村 35 周年，我第一次作为工作人员参加庆典。场面盛大，客人很多。我当时负责表演节目的相关工作，联系台前幕后，忙到都没有好好参加庆典的其他内容。我们村每一次庆典活动都是不同的，尤其逢五逢十的大庆，都有一个主题，而老书记就是庆典的总策划。40 周年庆典的时候，我们还有直升机跳伞的表演，在当时也算是引领潮流了。

我们村很重视这种村庆活动，我小的时候是因为热闹和各种美食而喜欢，长大后作为工作人员中的一分子，想法就发生了变化。对外而言，这样的庆典不仅是展示我们华西的形象和成就，也是一种"广而告之"。对我们村民来说，家家户户像过年一样热闹，亲戚朋友互相走动、相聚在一起，也增强了亲人、村民之间的凝聚力。

当我逐渐摆正心态后，好事也接踵而至。随后，我便逐渐有了外出参观和考察的机会。

我跟随无锡市政府代表团参加"质量万里行"活动。在这个过程中，我知道华西的面料服装是获全国质量大奖的产品，还知道在广州、郑州都有我们华西的销售点。每到一个城市，我们都会召开一场洽谈会，正是这些交流和各种参观让我明白华西产品的分量，知道华西之外还有更大的天地。我还跟随镇里的参观团去上海、苏州等地考察。由于大家都知道我会唱戏，所以每到吃饭时，总会让我表演一曲，我本就以此为豪，都会欣然答应。我当时狭隘地以为：村里安排我出去考察，是不是为了让我给大家唱歌带来热闹？后来想想，这都是村里给我展示的机会，在培养新人。我还记得，在巴西的一个农场参观时，主人给我们烤肉吃，我父亲提议让我给大家唱歌助兴。正好那时刚学了杨钰莹的《风含情水含笑》，"轻轻杨柳风，悠悠桃花水……"当我含情脉脉地唱完这首歌时，大家还沉浸在悠扬婉转的曲调中，好一会儿才回过神来，不仅鼓掌表示赞赏，还纷纷给我竖起大拇指，表示要跟我学唱呢。我也算是把中国的流行风带到了万里迢迢之外的巴西了。

巴西离我们可真远啊，我们从南京出发然后在香港机场的酒店住了一晚。那是我第一次吃自助餐，父亲说可以多吃点。于是我一盘接一盘地吃，直到实在吃不下，肚子圆鼓鼓的，难受了很久。现在想来实在可笑，但也是年轻，能唱能跳胃口也是极好的。

除了去各地考察、参观，那些年让我收获很大的还是参加会议。小时候喜欢跟着父母参加村里的社员大会，长大了我还是喜欢这种学习、交流的方式。我比较乐意参加分组讨论，这样我就可以去到父母辈或者爷爷辈那些华西老一代创业者的组里。他们经常说着说着就会回忆过去，相互之间还会开一些玩笑。在轻松的氛围中，听他们大讨论，我有了胜读十年书的满足；听他们回忆过往，我也了解了过去华西人的很多故事。可能就是跟长辈们相处多了，听他们对人生的思考和感悟，看他们为人处世的态度，我因此也积累了同龄人没有的人生经验。不断走出去看世界，各种活动充实了我，也让我渐渐少了度日如年的焦虑。

但那期间有件事也打破了我的平静，让我内心深处开始暗潮涌动。

有一年来了几个外宾，他们不走寻常路——没有按我们推荐的路线走，而是主动提出来要去参观学校。站里把这个事情交代让我去办。20 世纪 90 年代中期，我们华西村的教学质量各方面都比较落后，我觉得跟华西村整体发展十分不匹配，如果让外国人看到说不定要取笑我们呢。怎么办？我只好领他们去镇上环境比较好的马桥中学。这所学校跟华西村也是有渊源的，其中一栋教学楼是由我们赞助修建的，整个学校后来也并入了我们华西实验学校。

领着外宾去马桥中学，他们的校领导、师生们自然都很兴奋。那个年代的学校尤其是农村中学，几乎都没见过外国人，更别提一下来了好几个。

但是，在他们开心的同时，我却怎么也高兴不起来。这一次可以敷衍过去，以后怎么办？我们华西的教育为什么远远落后于经济和社会发展呢？我们要不要改变？……

教育问题当时不在我的工作范围，我没有刻意去关注和过问，但一旦碰到，就惦记上了。如果下回还有人来观摩我们华西的教育，或者有人要来"取经"，我该怎么引导和处理？这些问题悬而未决，留在了心底。

让我没想到的是，从 1995 年到 1999 年，我都没离开接待站，也没有离开的想法。不可否认，我那些年是没有明确的生活和工作目标的，只是想着把工作做好，每一天生活好。

直到在一本杂志上看到"人活着是为了吃饭，还是吃饭是为了活着"这样一句话，我开始思考生活和生命的意义——我未来要做什么？什么是有价值的人生？我曾经的梦想呢？……

旧园大改造

我的初心呢？

曾经因为被幼儿园漂亮且能歌善舞的老师吸引，就幻想将来自己也要当幼师；因为小学时候种下的种子，我读了幼师专业，这个跟随了我多年的梦想，我忘记了吗？

当然不，它在我心里仍然占有一定的位置，它在悄悄地发芽，并且时不时会蹦出来提醒我。

果然，机遇又降临到我这个有准备的人头上了。但当时，我只觉得当头一棒。

大概是 1999 年初，时任江苏省教委副主任的周德藩与我爷爷会谈，他很犀利又坦诚地指出："你们华西什么都好，就是教育不好。"我爷爷面露难色，但也道出了他的苦衷，他一直认为开学校办教育是政府的事情，村委没有这个权力去干预。但周德藩给我爷爷做了很明确的回应，他说："义务教育属于政府办、政府管，但学前教育，地方可以自己办好。"

这一指点，让我爷爷恍然大悟。他们谈论并请示有关部门后，我爷爷做了两个重要决定：第一，先把我们村的学前教育办起来；第二，幼儿园的负责人由我来担任。

又是一次快速而果断的任命。1999年6月，我突然接到要调到幼儿园任职的通知。那个下午，天下着雨，我听到这个消息，当时就蒙了，不解、委屈、不甘、无助……各种复杂的情绪一涌而出，我那不争气的眼泪哗哗往下流……

此时我在旅行社干得风生水起——我带的团越来越多，我的讲解越来越受欢迎，我的考核任务一年比一年完成得好。我正在意气风发地走着上坡路，我的才能和价值达到了我27岁以来的顶峰。我怎么舍得放下这一切去一个未知的幼儿园工作呢？

尽管我有多么不愿意，也没人来跟我解释，更没有人安慰我。我清醒地知道，自己是拗不过爷爷的，而且最主要的是，他肯定是从华西的大局出发，让我去做其他人不愿意做的事情，而且这一定是一块既重要又难啃的"硬骨头"。这么多年来，我们一家人总是身先士卒，累活儿、脏活儿、要担责任的活儿，我的爷爷和他的儿子们都是冲锋在前。别人可以抱怨，但他们不行。作为吴仁宝的大孙女，我也不能违背爷爷的决定。

在思想斗争了大约一个星期后，我的心情渐渐平复。我的斗志被点燃了，我的尊严感在那个时候显得无比强烈。好吧！那我就做出成绩让大家看看。我跟村里提了一个条件，幼儿园的人事权和经济大权必须由我掌握。他们很爽快就答应了。

正当我踌躇满志时，第一天走进幼儿园看到的景象却给我泼了一盆冷水，我又不得不回到了现实。

刚到幼儿园的情景，我到现在都记忆犹新。

一个几乎是完全开放的小院子，没有围墙没有大门，地面凹凸不平，孩子们在一个由两层居民筒子楼改建的房间里活动。没有厕所，他们只能结伴由老师带着横穿马路走一百多米到对面街上解决大小便问题。大概十个工作人员负责五个班的孩子，他们没有教材，更没有课程。孩子们早上七点半过来，十点半回家，吃过午饭后十二点半到幼儿园睡午觉，一觉睡到下午三点，再玩一会儿就可以由家长接走了。孩子午睡的"床"就是一块随时可移动的木板子。房子多年失修，当外面下大雨的时候，屋里就会下小雨。这，简直就像一个最初级的、最简陋的托管班——孩子们只是有大人看着，完全谈不上什么教育和培养。

见到此景此情，我当时真想扭头就走，赶紧去跟爷爷说，我不要在这里上班……我的大脑一直嗡嗡响，我不敢相信，都快到新世纪了，我们物质条件已经非常富足的华西村怎么还有这么简陋的幼儿园呢？也难怪华西村民的孩子们几乎都是送到城里或者镇上去上幼儿园的，只有外来务工人员的孩子才来这里。

幸好，我不仅在城市里接受过专业的幼师教育，我也在城里的幼儿园实习过。我见过城市、县城和镇上的幼儿园，但是，作为农村的幼儿园，它也不该是这个样子，尤其是我们华西村！

这个"见面礼"真是让我受到了很大的刺激。回到家里，我几乎一言不发，母亲问我幼儿园的情况，我有点说不出口。是啊，我当时觉得有点丢人。就是这种难以启齿，激发了我的斗志。这真是该我好好做点事情的时候了。

眼瞅着还有两个月就是新学年开学的日子了，我该从哪里入手呢？

毋庸置疑，先找老师！原来的老师只有三四名是幼师专业毕业的，剩下的几乎都是初中学历。我首先想到了要去找我读幼师时的班主任帮忙，让她给我推荐人选。老师二话不说，给我找到三个相貌标致也有业务能力的女学生。我当时还为我们幼儿园的环境心虚，担心留不住人，就给她们开出了比同级幼儿园高一倍的薪水。这三个女生刚过来时也被幼儿园的情况吓了一跳，但都是普通家庭的孩子，这具有诱惑力的薪酬以及我们华西的富饶程度还是让她们决定"先留下来看看"。

与此同时，我立马着手改善幼儿园的硬件设施。首先，是安全问题。我找来施工队赶紧砌好围墙、装上大门，以保障孩子们的安全，这样就形成了我们有独立小院子的幼儿园。其次，是环境问题。我们把院子里多余的、不用的东西全都清理出去，把每个房间都收拾得干干净净。紧接着，是美化和装饰。我们把墙都粉刷了一遍，画上一些小动物、花花草草等可爱美好的元素，并在合适的地方种上花草。随后，盖厕所和小厨房，解决两个最基本的需求。小厨房主要是给孩子们做一些点心吃，让正餐之间有所补充。最后，修建一些娱乐设施。我找到带钢厂帮我用钢铁焊接了一个滑滑梯，看起来虽然简单，但当时可是最受孩子们欢迎的大玩具了。这样一处理，华西村的幼儿园才真正有了幼儿园的感觉。

接下来，就是解决老师的住宿问题。我找出两个房间给老师们做宿舍，还收拾出洗澡间和小厨房，供她们日常生活使用。

马上临近开学了，还没有教材怎么办？我从村里要了一辆车，带着当时幼儿园年龄最长的沈菊娣老师，我们开着车去南京买教材。这一路把沈老师折腾得够呛，她一路晕车一路呕吐，脸色煞白得吓人。她不能坐车，却没有提前告诉我，如果我早知道这个情况，肯定会换一个人和我去，但是她没有这样做，或许她也很心急想找到一套合适的教材吧。到了书店，她看到那么多好看的书，整个人又"满血复活"了，跟我精心挑选起来。

其实，最难的还是孩子们的吃饭问题。幼儿园不仅是孩子们学礼仪、培养好习惯的地方，也要真正为家长解决问题。

如果吃喝都在家里解决，无疑还是给家长增加负担。所以我想，我们华西的幼儿园也要正规起来，孩子们应该在园里吃早餐、午餐，这样才可以培养好的作息、吃饭习惯。可是我们的厨房太小，做不了两百多个孩子的餐食。那时村里有一家长廊宾馆，离我们幼儿园很近。我就和餐厅经理联系，请他们为幼儿园提供小朋友的点心和午餐。餐厅经理很开心，他们多了一项稳定的业务。于是，长廊宾馆每天会把做好的饭菜送到幼儿园，然后我们再把饭菜按照每个班的人数分到班级。中班、小班都是由老师自己到分饭处领取，孩子们吃完后的餐具也由老师自己清洗。

这样，我根据教材和餐食成本，向家长征收了少许费用。幼儿园原来是全免费的，现在虽然收费，但是为家长们分忧了，他们既满意也乐意。

就这样，短短两个月时间，我带领着老师们让幼儿园发生了翻天覆地的变化。我显然已经早早地进入了工作状态，而且在村里的支持下，一切都还挺顺利。我也没想到，自己在二十七八岁的年纪时，身体里积蓄了那么大的能量，而且在两个月里迸发出来。新官上任的第一把火烧得挺旺，我热情不减，成效也肉眼可见，这是不是就预示着我接下来的工作也会这样顺风顺水呢？事情并没有我想的那么简单，可见工作阅历有限的我对困难的预知还是不够的。

新建华西幼儿园

打扫干净庭院，就得迎接贵宾了。

此时的幼儿园虽然离我想象中的状态还有很大差距，但是看着较原来清爽洁净了许多的园所，我还是很欣慰的。原以为就可以顺利开展工作了，没想到各种问题接踵而至。

尤其是原来就在幼儿园的一些教师，她们的教育方法和工作态度真是让我头疼不已。

开学不久，有一天大概下午两点左右，我敲开了大班其中一个教室的门，一位老师睡眼惺忪地来开门，而另一位老师还盖着被子躺在小朋友的床上。我当时有点错愕，没想到这个时候老师竟然还在睡觉，我心里是真生气。但我克制住了，没有马上去质疑她们，因为这大概是她们多年来养成的习惯。连小朋友回家都跟家长说："我们睡觉，老师也睡觉。"开始我是不信的，即使相信了，想着可能有些老师上午累了，中午等小朋友都睡了，打个盹也是情有可原的。但是没想到她们比孩子们睡得还香。可是，改变肯定不是一朝一夕的事，我也不可能时刻盯着她们。

思考良久，我想只能通过让她们有事情做、让她们忙起来，来改变这种"无聊"和"混日子"的现状。于是，我开始每周检查大家的备课笔记，让老师们从思想到行动重视起来，让自己忙碌起来。然后，我又组织公开课活动，让大家相互听课，这样无形中给老师们增加了一定的压力。从那以后，老师中午睡觉时间过长的情况得到了极大的改善。

还有一件事情也与部分老师的私心有关。我邻居家的小女孩在我们幼儿园上学，她上大班的时候，也就是我去幼儿园的第二年，有一次，她在家里说："我们吃一个油面筋，老师吃两个！"她奶奶在一旁听了哈哈大笑。我听到这里有点尴尬，只好先打圆场说："可能有的小朋友不来幼儿园，但餐厅也给送了他的饭菜过来，多出来的就分给老师吃了！"但小孩子无意中说出来的话倒提醒我，这件事情不简单。

第二天中午分发午餐时，我就去大班的教室外观察老师们是怎么分饭的。果然被我发现了问题，一个大班的老师居然提前把荤菜留出一部分放在一个塑料盒子准备下班带回去，再把剩下的分发给小朋友。那次是面筋塞肉，她把满满一盒放在办公桌抽屉里。我问她怎么回事，她一下子不知所措，但还解释说："小朋友不要吃，我怕浪费！"幸好我知道，小孩子在幼儿园是最喜欢吃红烧荤菜的。

这件事情以后，我就让老师和小朋友分开吃饭了。我腾出半间房子当作教师餐厅，并且请了一位后勤阿姨过来专门洗碗。因为有一次午饭后，老师们正在洗碗，孩子们就在没有老师看管的时候你追我赶，发生了打架事件。请了专人洗碗，最大程度解放了老师，保障了餐后孩子们的管理问题。

没过多久，幼儿园又增添了一位后勤。她的工作就是保管物资、做门卫，以及给小朋友们做点心。

这个岗位原本是没有的。一次偶然的机会，我结识了村里一位驾驶员，他是从苏北过来在我们当地部队退伍的军人。认识他大概一年以后，他突然把他爱人带到幼儿园，并直接和我说："吴老师，我老婆在老家下岗了，现在没有工作，能不能去你们幼儿园洗洗碗？"看着他们夫妻期盼的眼神，甚至有些卑微的样子，我很难拒绝。

他的妻子很漂亮，从他们县里粮食局下岗的。可是幼儿园已经有洗碗的员工了，如果安排两个人洗碗，工作量明显又不够，所以考虑后，我就让她专门负责教师餐厅的清洁工作，并为小朋友们制作点心。没想到，她在幼儿园一做就是二十多年，直到2023年因为儿媳妇生孩子，才不得已离开幼儿园的工作岗位。

制度逐渐规范化后，我开始考虑教师业务能力提升的问题。

我借助自己幼师班主任的力量以及江阴的一些熟人，让我们幼儿园的老师能去各个幼儿园学习和参观。后来又安排了几位新教师直接去别的幼儿园见习跟班。

除了江阴当地的幼儿园，我还通过订阅《幼儿教育》等报刊了解当下学前教育的发展动态。这些学习资料带给了我意外的收获，上面刊登的一些教师培训广告吸引了我。与培训机构联系上后，我们开始了一些有针对性的外出学习和培训。第一次外出学习由我亲自带队，带了两名新教师一起参加了为期一周的幼儿园音乐教育培训。培训在南京师范大学举行，我仿佛又回到了自己读幼师的时代，课程安排得满满当当，除了专家授课，我们还参观了南京师范大学附属幼儿园。

那次学习后，我们就确定选用南京师范大学的一套教材，包括教师用书和幼儿用书。我当时也是为了不想伸手向村里要钱，所以决定幼儿用书都是由家长自愿购买。习惯自力更生的我，当时很少借力做事，宁愿愚公移山似的干。其实我对突然被调到幼儿园还心存愤愤，总想靠自己的努力做点样子给周围人看看。

现在想来，当年到底还是年轻气盛，其实事情本身没有那么严重，就是这种不愿意轻易低头的性格让我为此付出了一般人无法理解的代价。多次"碰壁"以后，我才理解老书记经常说的，"各级领导的话都要听，但如果领导说的不符合我们当地的，当面要谢谢，领导走了可以不做嘛。"这大概就是"形式主义对付官僚主义"的智慧。现在的我也会经常提醒周围的年轻人，要多学中国传统文化，要学会外圆内方的处世之道。

彼时的我也已经离开幼师专业八九年了，老师和孩子们都是在变化的，我也需要学习，学习相关专业理论知识和管理知识。我一边买来很多幼儿园管理的专业书籍学习，一边把理论知识转化为实践。在管理岗上有个优势就是，我可以直接将相关理论知识在幼儿园进行实践。当然，必须是因地制宜地采纳和推行，不能照本宣科，更不是"拿来主义"。

除了时时想着带领老师们共同进步，我还不得不想着我们农村娃娃的成长。我时刻关注镇上、县里、城里的各种相关表演或者比赛，带着孩子们去进行展示，让他们也去见见世面。慢慢地，我们开始在各种活动中崭露头角，孩子们也因为精彩的表演屡屡获得认可，并拿到奖励。

看着师生们发生的变化，我的内心其实仍然五味杂陈。我一心付出，努力向大家证明我的能力和实力，当这一切慢慢变成事实的时候，我却没有想象中的兴奋，似乎只是顺其自然又水到渠成而已。无论我做什么，我的内心因为有对华西的热爱和对爷爷的敬重，就会理所当然认为这一切是我应该做的，把事情做好了是本分而已。

经过将近一年的规范化治理，村里越来越多人关注到我们幼儿园。第二年招生的时候，不少华西的孩子们被吸引回来。

一年年，我们的招生越来越好。华西的孩子们都在家门口上幼儿园了，还有更多外村慕名而来的孩子。原来只二十多个人的教室涌进来了五十个孩子！我们的幼儿园快要被"挤爆"了！

我预想过会有越来越多的孩子到我们这里上幼儿园，但是完全没有想到会来这么多人。我是既欣喜又发愁：喜的是我的努力付出得到了家长和孩子们的认可；愁的是孩子们不能挤着上幼儿园，这样的体验非常不好，还有可能出现安全隐患。这个时候我不能再"逞强"了，我得向组织寻求帮助。

我跟村里如实反映了幼儿园的情况，希望他们给我找一个更大的地方来办幼儿园。没想到村干部们非常支持我，他们当即决定要盖一个新的、现代化的幼儿园，让我们华西的孩子在更大、更好的地方享受幸福的童年！

2001 年，村党委投入了 800 多万元兴建幼儿园新楼。在新的园所，一切都那么明亮、可爱，让人心怀希望。

为了方便家长们上下班，我们幼儿园早上六点半就安排老师过来了，七点孩子们开始陆续入园。下午放学后，如果有家长不能按时来接孩子，幼儿园还有值班老师继续看护。节假日期间，幼儿园也安排老师轮流值班，保证有需要的孩子正常入园。另外，幼儿园还开设了"小小班"，以关照年龄更小的孩子。在服务村民和外来务工人员家庭方面，我们幼儿园基本上是"全天候"的。

但是有一件事却让我陷入了深思。好几次放学时，我都看到接孩子的家长在整洁干净的幼儿园里随意吐痰，这让我如鲠在喉。为何崭新的园所都不能让他们心生爱意，而克制一下自己的不文明行为呢？我得做些什么让他们稍微有所改变。

何不让孩子去影响家长？于是，我们开展了"小手拉大手"活动去改变周围环境。我们在幼儿园跟小朋友们强调卫生的重要性，给他们灌输各种文明行为和习惯，并要求他们回家也这样做，然后又让他们变身"小老师"教给自己的父母和爷爷奶奶、外公外婆。尽管活动连续开展了几年，家长们还是一如既往地随地吐痰、扔垃圾。看到这些无动于衷的大人们，我差一点就想放弃了。

幼儿园孩子们的手还是太小，拉不动家里的那些大人们。在农村家庭，30 岁左右的年轻父母几乎没有话语权，老人才是家里的权威。要想改变老人们几十年的习惯，太难了。如果老人不以身作则，或者说在家里就是这样我行我素，没有文明的习惯，那么他们的儿女和孙子也很难形成良好的行为习惯。

好在，这些年的努力让我们的老师变化极大。只有老师改变了，才能教育和潜移默化地影响孩子们，进而有可能带动家长。我们幼儿园也开始像小学、中学一样备课、磨课，搞教学科研。我们还开发园本课程——不仅只是对着书本，还得关注孩子对课程的反应。

如今，我们幼儿园每个年级每个学期都有完整的课程计划，按照时间进度分成几个主题推进，比如小班的"我上幼儿园啦""认识我自己"，中班的"长大真好""孝心到永远""我的家乡在华西"，大班的"长大真好""从小爱祖国"等。每个主题，都分别从语言、音乐、美术、社会、健康等维度设计教学内容，同时立足华西特色，把华西的文化资源，比如老书记的精神、村民奋斗故事等渗透进去。

2016年，随着国家正式施行"全面两孩"政策，我国出现了人口生育的高峰，当年新出生人口达到1786万，二孩占到了45%左右。我们提前预判，2019年将有更多的孩子进入幼儿园。

于是，2018年，村里又投入约3000万元兴建了二期工程，到现在幼儿园总面积达到了2.3万平方米，其中绿地面积约9000平方米。新的幼儿园总共容纳了400余名孩子，教职工50余人。现如今的幼儿园，室内功能分区清晰，物品摆放和管理要求标准、规范，每个班的孩子在室内即可实现活动、盥洗、学习、交流、休憩等。最与众不同，也是我最骄傲自豪的，莫过于幼儿园随处可见的和自然、土地的关联物：天台、屋顶上，小小农场生机勃勃，精心打理的土地分割成小块，小麦发着青苗，灌溉的水管滴着水……教室周围，种植着各种树苗和花卉，还有小菜园沿着墙根环绕成一圈，红通通的大萝卜、绿油油的大白菜都等着孩子们来采摘。

我们虽然是拥有现代化设施的幼儿园，但是我们又是当之无愧的农村幼儿园，老师们不能忘记这一点，孩子们更不能忘了自己的根。我就是想通过这一切安排和设置，让孩子们从小就要像华西村一样，站在田野之中，成长于大地之上。

与此同时，随着家长代际的更替、社会的快速发展，老师们发现很多东西在悄然间发生着变化。过去，除了特殊情况，基本上就是一学期两次家长会上见见家长；现在每个班都有了自己的微信群，家长们不仅每天都得看看班级动态，还可以随时和老师互动交流。家长们对幼儿园开始主动提出自己新的需求，对孩子的性格、习惯、情感、知识等的变化，都比过去在意很多。

为了促进教师队伍的成长，我提出要"抓住和创造教育的重要关键性事件"。虽然是村办幼儿园，但华西教育接触的资源，可说是国内顶级的。大批业内著名专家学者的到来，改变着华西教育的生态，影响着老师们的思维和观念。

在打造园本课程的过程中，我们的老师对老书记的精神有了更深刻的认识，不少人从书本上浅显的认知发展到开始崇拜他，也受到他身上那种奋斗奉献精神的影响。前两年，我又要求老师们研读《爱和自由》这本书，书中那个美好的世界，似乎就是未来那个充盈着人文大美的新华西。

初接手幼儿园，我就开始思考教师这个职业。它不是一份普通的职业，如果没有敬畏之心，没有对学生的责任心，没有对祖国的热爱，没有耐得住寂寞的持久力，就不要轻易选择做老师。它真的不挣钱，还非常辛苦，也时常让人心累。做一名好老师，就要担得起"责任"二字，老师承载的是祖国的未来。尤其是我们农村的基层教师，如果当地政府能给予更大的支持，我们留住优秀教师也不再是奢望。

华西幼儿园建成的前十年，我们无论硬件设施还是师资，在全国的村级幼儿园里，都是响当当的、领先的。尽管在村内外，甚至市里，我们都有口皆碑。但是，这些年由于农村幼儿园的局限性，我们越来越难招到符合条件的优秀教师，师资的缺失导致幼儿园不断落选参评各类优质园的资格。

刚开始的时候，我也抱怨过、申诉过，但是没起到多少作用，还让自己陷入无尽的烦恼中。后来，我也慢慢释然了，既然我们无法获得官方荣誉，我们就得让老师们得到更多外出学习的机会和更好的福利待遇，让我们幼儿园的孩子们在更完善的环境里成长，接受更优质的教育。也就是这样的信念支撑着我一路走下来。

直到读到《夏山学校》这本书，我的教育方向突然明朗起来。既然不能成为公办，又不可以是民办，我就认定我们华西幼儿园是村办，我就办成华西的"夏山学校"吧！让我们的华西娃娃在这里自由、肆意地成长，不是无人照料的野草，更不是温室里受尽呵护和管束的花朵，他们应该是能自由发展个性，在人性化的管理下快乐成长的幸福孩子。

江阴市实验幼儿园原园长高园怡：

我今年74岁，和吴洁认识快三十年了，她是我的"忘年交"。

我在幼儿园、小学、中学都工作过，她遇到教学和管理方面的问题就会经常找我问问。从我们这些年不断地交流中，我见证了她从华西村幼儿园到华西实验学校的成长。

我1992年去到江阴市实验幼儿园任园长。我们幼儿园是市级示范园，不时地会举办一些公开活动，邀请各个幼儿园的代表来参加。大概是1999年，年轻的吴洁给我留下了深刻的印象。不同于其他幼儿园园长，只要邀请，她每次都会来，而且总是随身带笔记本随时做记录。她微微偏着脑袋认真听课的样子，我现在都记得很清晰。那时我就感觉到，这个姑娘不同于一般农村学校的教育工作者，她很有想法，善于思考和发问。

2001年，华西村要盖一所新的幼儿园。吴洁就问我，新的幼儿园该怎么建，需要哪些设备、有哪些标准、场地得多大、教师该怎么培训等。华西幼儿园作为一所村办幼儿园，起点不高，尤其是教师的水平差距较大。大部分教师都是原来托儿所的农村妇女，她们只会照看孩子的吃喝，几乎没有教育专业背景。

吴洁作为园长，心里十分着急。

幼儿园建好后，她就请我过去给老师们讲课。那几年交往下来，我发现她做事情认真，是发自内心地想把幼儿园办好，我很爽快地答应她的邀请。

我带着我们幼儿园经验丰富的骨干教师和班子成员一起去华西村，从教育教学到园所管理，一对一、手把手地教他们。只要她需要，我都倾囊相授。吴洁也很聪明，不是"拿来主义"，而是把我教给她的东西跟华西村实际情况相结合，再吸收和改革。这个时候，她也开始着手从社会上招聘年轻教师。当时的华西村还处于鼎盛时期，因为名气大，也吸引到了不少外来人才。

人招过来了，如何留住她们呢？这也是吴洁很独特的一个工作特点，她悉心培养的人才，就一定想方设法把人留下来。有一天，吴洁跟我说："高园长，我现在想了一个办法，我要在村里帮我们的女教师找到优秀的男士，给她们介绍男朋友，让她们在这里成家，就能踏实留下来了。"我听后"哈哈"地笑了，这一招果然妙啊！人总是要往高处走的，但是吴洁这个办法确实留下了不少人，现在幼儿园的不少骨干教师都是已经在华西村安家的外来媳妇。

农村幼儿园还有一个突出的问题就是经费由自己

承担，但是学费又不能收高了，否则没有人愿意去上。吴洁就充分利用农村土地宽广的优势，她把幼儿园周边的空地都充分利用起来，种上水果蔬菜。这些土地成为孩子们的劳动试验田，让他们从中体验了劳动的乐趣，不忘农村基因；土地上收获的瓜果蔬菜又用在了幼儿园的饭桌上，节约了一部分吃饭成本，为幼儿园省下一笔不小的开支。

吴洁也经常向我询问管理的问题，这个发问的频率是很高的，但她很会动脑筋，不是专门抽出时间集中问，她有自己的小妙招。

我先生是搞音乐教育的，吴洁就跟我说让她儿子跟着我先生学弹钢琴。我们在江阴的房子离得不远，又已经成了朋友，我就答应了她。她儿子每周来两次，每次将近两个小时，她不是送完儿子就离开了，而是全程陪同，也不是光坐着或者扯闲篇。吴洁每次都是有备而来，充分利用这个时间和我交流学校遇到的各种问题。她问什么，我就回答什么，那段时间我们交流得非常透彻。我说的一些重点，她照旧用笔记本记录下来，有时候我自己也做一些记录。谈完话后，她甚至会把我的笔记要过去，说是回去再看看。

记得她说自己不擅长写文章，但是内心有很多想法想要通过文字表述出来。我就教她，身边准备一个小本子和一支笔，随时想到什么就如实记录下来，有时间就多写点儿，没时间就少写一点儿，到晚上睡觉前再整理一下，长期积累，自己的语言就丰富了，也形成了个人独特的风格。

多年以后，我看她的文章已经比之前好很多了，开会发言或者作报告也有模有样，我还惊叹于她的进步。她告诉我用的就是我教的办法，其实教过她以后我自己都忘了。她就是这样善于倾听意见，又总在不断追求进步。

后来，华西村又盖实验学校，吴洁的重心就偏向了学校的建设。说来也巧，那次正好我带着一个朋友一起去华西，这个朋友是一所学校的校长。我们到实验学校工地的时候，正好碰到吴洁和她的父亲一起在看刚出炉的学校图纸。我们算是第一拨看到图纸的人了，当时就震惊于一所乡村中学竟然有如此宏大的规划——占地面积大、楼房多。更巧的是，我带去的朋友和吴洁聊得很投机，后来竟成了实验学校的副校长。

这以后，我们的交流就更多了。当然，话题不再局限于幼儿园。那个时候幼儿园也已进入正常轨道，她几乎可以完全放手了。因为我在去江阴市实验幼儿园之前，也在小学、初中和高中工作过，所以我们依旧有很多共同话题可以探讨。

有一次，吴洁跟我说："以前我一直以为你们城里的园长、校长是瞧不起我们农村学校的，您非但没有看不起我，还帮助了我这么多，这些年多亏了您。"我能感觉到她说这话是发自内心的。

华西村那些年的发展重心都在经济建设上，对教育的重视程度相对弱一些。吴仁宝老书记花重金建华西实验学校就是要改变这一现状，而这个任务交给吴洁来做，她的压力是相当大的。但是吴洁也传承了老一辈华西人那种战天斗地的精神，一心向前，没有因为压力大就退缩了。

吴洁在很多方面都非常像她爷爷——工作起来干劲十足；说话直接，总是直言不讳；对人对事奖罚分明。但是她又心细如发，照顾周全，比如给女教师介绍婆家，身边有人生病了又给人介绍医院、医生，还赶去别人家里调和婆媳矛盾……虽然跟她爷爷一样很喜欢开会，但是散会晚了就会请大家一起吃饭；外出学习，对老师们的照顾也非常细致。但是，可能她太过于心急想把华西的教育办好，所以步伐走得太快了，以至于一些人对她产生误解，以及她自己生出来许多烦恼。

这二十多年相处下来，我发现吴洁做事情比较单纯，从来不跟我说无关的事情，我们只要一谈工作，她的话匣子就关不住。她完全没有私心，她也不需要有什么私心，她是吴仁宝老书记的孙女，物质条件已经很好了，她为什么还殚精竭虑扑在华西的教育上呢？因为她受命于她爷爷的嘱托，要办好乡村教育，为了把下一代人培养成华西人，她想用华西的精神贯穿在她的教育实践里，要让老师们感同身受深刻体会老书记的精神，然后去影响学生，使华西精神、老书记精神得到传承。

不得不说，华西教育取得的进步和发展，吴洁功不可没。

吴洁现在专心于吴仁宝研究会的工作，这又是一件难事。如今的华西村更需要吴仁宝精神来振奋人心，但愿星星之火，可以燎原。

做 媒

扎根乡村教育多年，我深深体会到，乡村学校就像一所新教师培训基地，我们华西幼儿园就是"铁打的营盘，流水的兵"。为了把从外地过来的优秀女教师留在我们华西，我可真是费尽心思。

在高薪聘请、外出学习、请专家来培训等的各种留人手段中，我还意外成就了自己的一个"副业"——给青年教师做媒。每让一对新人牵手成功，我都会无比欢喜和幸福，就像在小小的花园里种下了种子、开出了鲜花还结出硕果一样有成就感。

其实，一开始没想到做媒，最初的想法就是情感管理，通过关心员工生活、提供外出学习培训的机会来留人。我经常请住园的外地新教师到我家，给她们做饭吃。可饭终究吃一顿是一顿，逢年过节，她们还是会想念家乡的亲人，想着想着就跑回家去再也不来了。

小姑娘们思家心切，我都可以理解，但也有让我伤心的。记得有一位来自苏北的姑娘，刚从学校毕业就过来了。她的家庭条件较差，父亲早逝，母亲做清洁卫生的工作，还有一个弟弟在上学。我把她当成亲妹妹一样给予特殊照顾，吃的、穿的都给她带，还安排她出去培训学习。可是，她在毫无征兆的情况下突然要离开。开始是先请了几天假，理由是家里有事；然后续假，说家里的事情没办完；最后来拿行李说要走了。那时是4月，还没放暑假，她不仅单方面违约，更不顾自己班级的孩子，也不说跟老师们交接一下。我后来了解到，她其实是找了一家公办幼儿园去当老师。这是让我很痛心的一件事情，精心对待却遭到无端毁约，到现在都不知道我们是哪里做错了，让她如此决绝。

我终于发现，情感留人、待遇留人也许在城里行得通，但在农村实在是太难了。我绞尽脑汁想，怎样才能留住她们呢？

"让她们在华西有个家。"这个大胆的想法其实并非我独创。以前我的奶奶就是这么做的，她关心人的方式也很独特，看着小伙子年纪渐长，还没结婚，就会给人牵线搭桥。等我到了幼儿园工作，又会经常叮嘱我，"阿洁，你们幼儿园有没有合适的女老师，给某某（某个男青年）留意着啊。"这样的话听多了，我就上心了。尤其是看到那个父亲去世、母亲改嫁后由爷爷奶奶带大的孩子，在我奶奶的帮助下都找到了对象，我也分享到了其中那种特殊的幸福。当时我就下定决心，要让这些外来的女教师们在华西有个家，让她们踏踏实实留下来带好我们华西的娃娃。一个好女人能影响三代人，我们华西的下一代一定要让更多有知识文化、懂礼仪识大体的女性来培养！

我第一次做媒的对象叫小黄。她长得漂亮，人也灵气，而且就是我们华西附近乡镇的，很受大家喜欢。那时，我们当地人一般不愿意找离家里太远的，而几位新教师中只有小黄家最近，给她找对象相对容易许多。那个时候她年龄不大，就不着急，慢慢挑选。一年多之后，我给她挑挑拣拣介绍了两个，每次都是安排在我家里见面。

两个男青年家里都是老实人。第一个是大学生，但有一只眼睛有点眼疾。虽然小黄说他很不错，心也很细，但祝福声并不多，最后她还是认为外表很重要而放弃了。第二个也是外表不够好看，没多久就断了。如何留住小黄这个优秀的年轻人呢？虽然知道这种事情需要缘分，但我还是很着急。

"70后"的华西男孩长得特别英俊潇洒的并不多，"80初"的也鲜有那种让女孩子一看就心动的长相。那时虽然华西已经脱贫致富，但上一辈华西人娶媳妇一般先看能不能干活，长相是不重要的，所以生的孩子自然也不是那种标准的帅气模样。直到20世纪80年代中期，华西的经济开始遥遥领先，开始实现楼上地毯、楼下地板，成了电话村、彩电村……华西男青年开始值钱了，说媒的人越来越多，选择的余地也就大了。而小黄，我并没有放弃给她找对象，一次不行就两次三次，最后终于找到了她满意的男青年。

其实，印象最深的说媒对象就是小何，这是个来自黑龙江的姑娘。

事情得追溯到 2005 年那个大年初六，那天正好是我在幼儿园值班。一个母亲因为看了中央电视台对华西村的报道，对我们村很向往，于是打来电话问我幼儿园招不招幼师。东北过来实在太远，生活习性各方面差距也较大。我心想可能留不住，但考虑到幼儿园求贤若渴，也不好拒绝她们的诚意，就同意让她先过来实习一段时间，如果合适就留下来。想到她一个小姑娘只身过来不放心，我跟她母亲说："你陪女儿一起来！"

春节期间因为拜年、会友各种事情很多，我也没把这件事情放在心上，觉得就是一个来自远方的普通咨询而已。直到有一天，她们母女二人突然出现在我眼前。

漂亮、秀气、精致是我对小何第一眼最直观的印象，她并非典型的高大个子的东北女孩，而是像我们南方人一样身材娇小，尤其那件束腰的中长牛仔外套更是为她增添了几分活力。这样一个气质出众的东北小姑娘让我眼前一亮。

小何也不负众望，试用期很顺利就通过了，并且很快就成为我们这里的骨干教师。为了留住她，我更是早早就为她物色我们华西的优秀男青年了。让我纳闷的是，前几个帅气、活泼的小伙子她都没瞧上，她只说感觉不对而婉拒了。后来，我就换了个思路，想起一户老实本分的孙姓人家的儿子。这个小伙子学历不高、个子不高、看起来也缺少自信，我当时没抱多大希望。没想到他们两人看对眼了，很快就确立了恋爱关系，不久也走入了婚姻的殿堂，过上了其乐融融的小日子。

十七年后的一天，我看到小何在微信朋友圈"晒"她家的小花园，而且是她丈夫精心打造的，我当即就产生了要去她家看看的想法。

小何的丈夫已经完全不是我印象中的样子，他虽然还是不太爱说话，但是把小花园和家里打理得井井有条。他还会画画，看起来也相当不错。他们上初中的女儿，长得落落大方，就是我一直希望的未来华西人应该有的气质。

我借着参观小何家的小花园，还蹭了一顿她父母做的正宗东北菜。跟她父母一边回忆往事，一边唠家常，这种惬意的家庭氛围让我很是享受。

给人做媒确实非常劳心费神，不仅要考虑双方情况，还要揣测小年轻的心理，并适时主动推他们一把。当然，难免也有不少失败的案例。但只要想着成功的例子，想着我们的老师可以留下来踏实地工作、幸福地生活，我就充满了无限的动力。更让我欣慰的是，我们这些嫁到华西或者周边村的老师，大部分都和公婆相处得很好，家里融洽和谐。

这些年，我的媒人工作是越做越顺了，直到现在遇到适龄男女青年，我都会条件反射地问一句："结婚了吗？"如果是单身，肯定又成为我关注的对象了。

第五章

扎根乡村

鼓了钱袋子，不忘小孩子

在幼儿园的日子，每天都很充实。每一分努力付出，在或远或近的将来都能有所收获。老师们正朝着自己期待的样子不断进步，孩子们脸上洋溢着笑容、眼里闪烁着童年欢快的光芒，家长的好评越来越多……这样的园所环境和师生状态离我理想中的幼儿园越来越近了，我也时常分不清这里是家还是办公场所。我的用心浇灌，终于开出了一朵朵美丽的小花。

就在这时，命运又撞了一下我的腰。还跟之前在接待站的工作一样，当我正得心应手时，就会有考验随之降临。

2006 年 6 月，爷爷突然跟我说，村里决定要筹建一所6000 人规模的九年一贯制学校。有很多华西村民表示不理解，他们认为我们自己的小孩都去城里上学，甚至远赴国外，为什么村里还要花巨资办学校呢？其实，爷爷心里一直惦记着外来务工人员的子女教育问题。

当时的华西村声望正隆，前来学习参观的人络绎不绝。2006 年 8 月，《福布斯》中文版将华西集团列为"中国顶尖企业"百强榜第二。年底，华西村销售收入超过 400 亿元。我们也从一个只有几百户人家、不到一平方公里的小村庄，逐步发展成为拥有 13 个行政村、面积 35 平方公里的"新市村"，人口剧增到 5 万。当年 12 月 22 日的建村 45 周年庆祝游行活动热闹非凡。全国各地送来的石狮子、石大象、石麒麟，作为贺礼填满了村里的大街小巷。

经济发展迅速，而作为民生之本的教育，却面临着看似矛盾却确实存在的窘况——入学难与生源流失。一方面，外地大量的务工人员涌入华西村，而大华西范围内原有的四所农村学校的规模和办学条件已远远不能满足务工人员子女入学所需。务工人员子女入学难，导致很多人不得不把孩子送回老家，由此造成了留守儿童的教育与成长问题。另一方面，我们村民对优质教育的需求越来越高，不惜耗费大量精力、财力把孩子送到镇上、城里的学校就读。本地生源外流，成为华西教育的又一隐痛。建一所与"天下第一村"发展相协调的优质学校，成为大家共同的期盼。

当大家都沉醉在华西"天下第一村"的荣光里时，老书记坚定地喊出了："鼓了钱袋子，不忘小孩子！"他下定决心：我们不仅要办学，还要办具有华西特色的学校；我们不仅是公办学校，学校的软硬件设施还都要是最好的；我们必须要在原来基础上大胆改革，要建一所实验学校。

爷爷认为我有办幼儿园的经验，于是让我加入筹备组一块儿出谋划策。我肯定义不容辞就答应了，虽然只是筹建办学，但这七年来，我不仅对教育有了自己的一些看法，也参观考察了不少学校，还算见识较广。更重要的是，我这些年越来越强烈地认为，华西迫切需要一所新的更规范更高水平的学校，改变我们落后的教育现状。我明白，村里盖学校的决定也并非头脑发热，而是趁着政策的"东风"要将华西的教育推向新高度。

2005 年 10 月，中国共产党第十六届中央委员会第五次全体会议通过了《中共中央关于制定国民经济和社会发展第十一个五年规划的建议》，其中明确把社会主义新农村建设放在经济社会发展工作的第一位。此次会议提出，推进社会主义新农村建设。中央农村工作会议随之提出，积极稳妥推进新农村建设，加快改善人居环境，提高农民素质，推动"物的新农村"和"人的新农村"要按照"生产发展、生活宽裕、乡风文明、村容整洁、管理民主"的要求，扎实建设齐头并进。

这是有章有法、有具体指示和操作指引的政策，多么鼓舞人心！在社会主义新农村建设的浪潮下，老书记带领村干部们意气风发地开展工作。

新建学校的决策和项目推进之快、起点要求之高，是史无前例的。学校的建设，从一开始就拿到了"特别通行证"，可以说是全力起跑、一路绿灯。

老书记更是提出了"华西新办的这所学校，二十年不能落伍"的要求。

不做则已，要做就做最好。华西实验学校从规划图纸到一砖一瓦建设，无不体现了华西精神：艰苦奋斗、勇争第一。八个施工队昼夜施工，三代华西人忘我投入，硬是赶在次年新学期开学之前完工，仅仅用了 11 个月时间就在一片平房和沼泽荒地上建成了占地 206 亩的现代化校园：数字化管理的图书馆、标准实验楼、专用教室、多媒体报告厅、录播教室、舞蹈房，还有天然草坪运动场、大型餐厅和各种辅助教学用房，教学楼各教室实现网电一体化……作为一所村级学校，它的确没有辜负"天下第一村"的做事标准。即使在今天，华西实验学校的规模和设施条件，放到全国任何一个地区的基层农村都是领先的。

还记得最初讨论设计图的时候，大伙儿的意见也颇不统一。大家都想着设计一个方方正正、一排排教室就像兵营一样整齐划一的学校。但我觉得学校就应该有小桥流水、回廊亭台，全年绿树成荫，建筑和风景呈现出错落有致的美感。但是村里的长辈们难以接受，他们认为这简直是浪费土地，他们坚持教育就应该是规规矩矩的，教学楼也应该是板板正正的。

我肯定拗不过他们，但是我非常理解他们作为农民对土地的感情，所以只好先服软。但这个提议还是有一定效果的，毕竟提出来了，肯定还是有人听进去了。在后来建设的过程中，图纸也在不断修改。比如，考虑到孩子们下雨天去学校食堂吃饭不方便，我们就在楼层之间建了连廊；考虑到整体美感，后来每一排教学楼也并不是一个个火柴盒的样式，也会错落有致地排开。我们就是在这样的中规中矩里，寻找到一些可以接受的差异。

除了美观和良好的体验，鉴于之前幼儿园的建设经验，安全问题是我最优先考虑的。记得建学校报告厅的时候，正好我腿疾发作，进医院做了手术。等我恢复得差不多再返回学校时，报告厅的样子几乎让我傻眼了。大家没有考虑到容纳近千人的这么大一个场所需要多少个出入大门才合适。可是报告厅的建设已接近尾声，大家都不想再改了。为了师生们的安全，我坚持多加了两个门。建成的报告厅虽然看起来有点奇怪，但好歹让人心安。

我还考虑到既然是基础教育学校，我们就要把教育的基石打牢，盖校舍也一样。在选墙砖的时候，我坚持地面以下哪怕多花点钱，也一定要保证地基牢固。为了看起来更厚重一些，我们就多用了一层金山石来装饰。

在老书记的关怀和监督下，我们确定了建设华西实验学校的高规格、高标准。大到校园的整体布局、建筑设计，小到孩子们的课桌、老师办公的桌椅，老书记都要求我和筹建组人员亲自去外面一流的学校实地考察之后才确定采购。在工程建设完工的 2007 年，对学校的总投资就达到 1.34 亿元，加上建成后各种配套的教学设备设施，不到五年学校总资产已近两亿元。

学校盖好了，我以为我的工作就此结束，可以回到我心爱的幼儿园了。没想到一纸任命，又一次改变了我的命运。

重构教师队伍

华西实验学校提前盖好，大家欣欣鼓舞，充满了无限期待。在这时，我被迅速任命为学校党支部书记。我当时还是村党委副书记，被委派到学校负责全面管理工作。老书记找我谈话的时候，我虽略有诧异，但一想到村里当时的教育状况，为了华西的未来，我责无旁贷。而且我内心很清楚地知道，相对于幼儿园的工作，这里的挑战更大，还有很多未知的问题在等着我。

当务之急就是教师队伍的重建。

我从一开始就知道新学校的师生结构，是以原来华西小学、瓠岱小学、马桥中学、瓠岱中学四校为主。我心里略有忐忑，担心到9月会出现一些混乱的情况，因为没有学校合并的经验，又不知道会出现什么具体问题，心里总有一丝不安。

基于这些顾虑,我跟镇领导提出了一些建议。他们也表示理解。于是,2007年3月1日,附近的两所小学首先合并,同时搬到已经建好的两栋教学楼里。

农村教育的草根性,在全国都一样。即便是经济条件较好的华西村,也不例外。我们不能选择师资,更不能选择生源。无论老师还是学生,就像地里的庄稼,都是土生土长的。

四校合并后的老师,就是我们的全部"软实力":两百多名老师中,没有一名拥有高级职称。直到后来教育局派来一名分管职高的副校长,我们才拥有了唯一一位高级职称的教师。那四所学校的不少老师都是民办代课教师出身,讲课几乎都是"凭感觉"和旧有经验,不会做教科研,"教师专业化发展"更是闻所未闻。有人曾直言不讳地评价我们学校是一流的办学条件,三流的教师队伍。

建校之初,大家连身份认同都存在问题。

那个时候,老师们经常挂在嘴上的口头禅就是"我们"。但这个"我们"说的不是新学校,而是过去老学校的那一帮同事和制度。四校合并过来的老教师最有体会,工作当中,明显能感受到好几个"山头"。开会的时候,老师们大都分拨而坐,一眼看去,就能清清楚楚看到合并之前某某学校的固有"阵容"。

除了各自为政,工作中散漫拖拉和自私随意的作风随处可见。有的老师为了在办公室说话方便,竟然把办公桌的玻璃挡板都拆掉了。

还记得在选用办公桌的时候，我特意为小学和中学老师选的桌子颜色不一样。小学是鲜艳的颜色，比较活泼；初中则淡一些，看起来更让人内心平静。而每个办公桌之间是有一块玻璃挡板的，类似现在写字楼里白领们的办公桌一样。结果，开学没多久，不少老师就主动把挡板给卸下来了，仅仅是为了方便彼此间聊天。

看到这些，我心里很不是滋味。后来我发现，尤其是这部分老师，特别喜欢东家长西家短地聊"八卦"，甚至相互之间挑拨离间。而有些管理人员也有这样的"癖好"，在学校里毫不避讳就谈一些道听途说的消息。我的天啊！我在华西工作这么多年，对于这样的事情真是闻所未闻。在我们学校这样神圣的地方却听到了如此不合时宜之事，我真是既震惊又难受。

更让我诧异的是，一位年长的学校中层十部还要跟我扯这种"闲篇"。我当即抓住机会很严肃地告诉他："你是管理人员，这样的话没有证据一定不要乱说，更不能在学校里传播。"为了缓和气氛，我又半开玩笑跟他说："我还听说你跟别人好呢，是不是这样啊？"他听后哈哈大笑，还若无其事地说："哎呀！怎么可能呢？不可能的。"这招还真是有效，从那之后，至少在我这里是听不到类似的"闲话"了。

这件事情引起了我的高度重视，这是农村学校独有的陋习，还是普遍现象呢？无论如何，我们合并到一起，就要按大华西的教育理念来管理。我由此提出："我们要做有尊严的、具有现代教师专业气质的、有文化的华西教育人。"

我最先从开会开始整顿。那时候，每次开会，从来没有一次是所有人按时到达的。总有不少人会迟到，五分钟、十分钟，甚至更久。理由五花八门，有的说"在批改作业忘了时间"，有的说"正好在跟学生谈话"，还有的连理由都不说了……

我已经不能忍受了！想起以前爷爷组织开会，我母亲因为迟到一两分钟就被罚在门外的事。他几十年前用的有效招数，我也得学习学习。普通老师迟到，我不批评也不点名，但是中层干部迟到，我则关上大门。有一次开管理者会议，时间一到，我就关门了，好几个人进不来。让我有点吃惊也有点欣慰的是，他们也没有因此离开，而是等到了会议结束。此举一出，学校里从上到下都发生了明显的变化。

接下来，学校用开班学习的形式培训教师，但教师们并不买账，认为学校是在增加教师负担。每逢学习，便有不少人以种种理由请假推脱。

这几件事情的发生，更让我想起了江阴市实验小学原校长徐健湖对我的提醒："不要以为学校造起来就行，关键要管理好，这个非常不容易！"我一直谨记这句话，并在后来十几年的工作中战战兢兢，如履薄冰。

在很多人眼里，我这个书记是自带光环的，他们都认为我的资源是天然存在或者是我爷爷给的。其实，学校成立时，老书记正好 80 岁，尽管四校合并有很多不顺，但看到他不顾高龄依然每天在为大华西建设操劳，我根本不忍心把学校的困难告诉他，总是自己默默地、千方百计地去解决。也因此，很多人会误解我，甚至会妒忌我。其实，越是生长在我这样的家庭，越是有着别人无法想象的压力。

针对合并之初运行的众多弊端，我们只好创新管理机制，结合学校的具体情况，构建了一系列学校管理制度和用人机制。华西村的成功得益于"一分五统"的管理机制：村企分开，经济统一管理、干部统一使用、劳动力在同等条件下统一安排、福利统一发放、村建统一规划。我们反其道而行之，来了个"五统一分"："五统"即"学校统一规划、制度统一制订、干部统一使用、教师统一调度、学生统一管理"，"一分"即"分层实施"。这样一方面打破了原有中层管理者的"封闭自足"；另一方面也使学校几个学段相互贯通，资源共享，优势互补。

除了建立刚性的制度，要真正把大家拧成一股绳，我们必须形成价值认同，营造真正引领华西教育发展的乡村教育文化。我们还是要回到这片土地，回到引领华西不断创造奇迹的华西精神上来。

我们在校内成立了"吴仁宝教育研究中心"，号召老师们学习老书记，深刻领悟华西精神。通过学习、研究老书记的先进事迹材料和华西村史，全体师生全方位走近当年的创业一代，体悟华西村如何从一个普通的小村庄发展成为"天下第一村"的精神力量。

文化的意义在于践行，在于自身行为的提升改变。我开始从教师身边入手，营造关键性事件，逐步引导实施教师的行动改善计划。

华西实验学校王海荣：

吴洁书记经常说，要抓住教育的关键性事件。我在学校工作经历了四次关键性事件，都与吴书记的提携、鼓励和信任分不开。

关键性事件一：成为一名教师

2008年7月初，我得知华西实验学校职高部要招聘专业课教师的消息，一直梦想做老师的我赶紧与吴洁书记联系。我和吴书记此前素昧平生，但是她没有因为我是外地人而且是非师范毕业生而拒绝我。我是幸运的，成了一名华西实验学校的公办老师。

我怀着一颗感恩的心去珍惜这份来之不易的工作。但光有感恩是不够的，作为职高部的一名专业课教师，为了提高学生的学习兴趣，我制作课件利用多媒体进行教学，还利用休息时间到企业拍摄生产录像给学生观看。看到学生的点滴进步，我感到非常快乐。

十五年来，我用我的努力为学校的发展添砖加瓦，为华西的企业培养合格的技术工人。只有努力工作，才能回报学校，回馈吴书记的知遇之恩。

关键性事件二：北方之行

2014年4月10日至17日，吴书记带着我和另一位老师一行三人进行了为期八天的参观学习。在这段时间里，我们先后去了吉林市第三十一中学、锦州市实验学校、石家庄市第四十四中学。此行对我触动很大，让我深受启发和教育。

我们出行的第一站是吉林。4月的华西村已经繁花似锦，而远在东北的吉林市还刚刚从冬眠中醒来，一眼望去看不到绿色，处在城郊的吉林市第三十一中学给我的第一印象是学校小且旧。它只有一幢集教学、办公于一体的大楼，我们脚下的路是工地上淘汰的杂砖铺就的，操场没有标准跑道，更没有草坪，铺的是黄沙。我们眼前的这一切还是该校校长带领全校教师利用休息时间通过一年的改建才造就的。

虽然办学条件艰苦，但学生快乐、阳光，老师敬业、自信。相较于他们，我们的办学条件无疑是优越的，学校通过"请进来"和"走出去"来提升老师的综合素养；而在吉林，即便校长要外出学习都需要局长审批，更不用说普通老师了，他们几乎没有外出学习的机会。相较于他们，我们是无比幸福的。我想作为老师，我表达感恩的最好方式就是用心做好自己的教学工作。

随后，我们去到锦州。这里明显感觉与吉林不同——百花争春，一片生机盎然。我们到达锦州市实验学校时，当地教育局领导和学校中层以上的领导已经在等候我们。这所学校给我印象最深的是浓郁的文化氛围，学校的每一面墙上都展示有校纪校规、办学目标、中外名校介绍、时代先锋、学生才艺展示等内容。在"时代先锋·人物"板块，我还看到了我们吴仁宝老书记，这令我们倍感意外和惊喜。

文化墙从内容到设计都是全体教师集体智慧的结晶，是他们利用休息时间加班加点的成果。我认为，正是团队合作精神、教师的奉献精神让锦州市实验学校在并校短短的九年时间里一跃成为锦州的名校。

我们参观学习的最后一站是石家庄市第四十四中学。这所学校和我们的学校一样年轻，处处彰显着活力。四十四中给我的第一印象是环境优美，校园整洁。学校虽然年轻，但已经形成自己的办学特色，得到了社会的认可。

八天的出行是我第一次和吴洁书记近距离长时间

的接触，我看到她对教育的热爱，她非常执着，她骨子里很坚强，此行一直是带病工作，她为了学校和教师的发展不遗余力。原以为她对教育的执着付出是出于喜欢教育这一行，后来才知道具有浪漫情怀的书记最爱的是文艺和舞台，她牺牲自己的爱好是出于责任。

关键性事件三：北京之行

2020年12月23到25日，我跟随书记到北京学习。

我们此次北京行的主要任务是通过拜访专家领导研究吴仁宝精神，拜访的专家层面广，有教育部、中央党校的领导，也有北京大学、中国社会科学院的教授专家。他们对我们老书记给予了高度评价，有专家说他是吴仁宝的"铁杆粉丝"；有专家说老书记是真懂哲学的人、有哲学智慧的人，是中国农民思想家……他们一致认为研究吴仁宝精神很有价值，而且意义重大。

这三天的时间里，我还目睹了为了提高自己管理水平而努力学习的吴书记。江苏教育报刊总社原社长孙其华以百字文的形式对中国教育现代化2035进行解读，吴书记就每天坚持学习百字文，她说："我写不出这么好的文字，但是我可以抄。"在北京的这几天她每天坚持抄写三篇百字文，并撰写学习感悟与老师分享。

关键性事件四：校办助理经历

2016年9月，我的工作岗位有了变动，除了职高的教学助理工作之外，还新增校办助理的工作。新增工作主要含两个方面：一是负责校报校刊资料的编辑和定稿，以及确保校报校刊能按时印发，并及时发到老师和学生手中；二是根据华西村党委的安排，协助做好入党积极分子、发展对象和预备党员转正等材料的整理，并为每一次党员大会的正常开展协助做好准备工作。

只有职高教学助理工作是熟悉的，其余两项工作是我第一次尝试，对我来说既是一种锻炼也是一种挑战，我内心挣扎过，也想过放弃。但是，在吴书记一次次对我的鼓励和指导下，我有了把事情做好的底气，我决定不辜负她的信任而选择接受挑战。这份工作也在学校领导、各部门领导的支持下，在相关老师的理解与配合下按时、保质完成了。

经历这些关键性事件后，我更感觉到，吴书记这样一个为华西教育殚精竭虑、无私奉献的人，永远都值得我学习。

　　我们确立了"弘扬华西文化，润泽教育理想"的办学理念和"培养永远的华西人"的办学目标。在此理念和目标的指导下，我们首先重视对老师的培养。他们需要不断拓宽视野，更新教学理念。在追寻教育理想的征程上，我们不敢有丝毫的懈怠。

　　多年来我受益于通过读书提升自我，所以也在老师中推广阅读——大兴读书之风，建设书香校园。过去，村里有孩子毕业后请老师吃喝的习俗。面对这样的陋习，我发出倡议：毕业一本书，入学一棵树。由老教师带头，通过他们做学生工作，从办宴席改为向学校捐书，书上还要留下给学弟学妹的赠言。此后，毕业生给学校留下一本书，成为一届又一届学生留给母校和老师的特殊纪念。为了推动教师读书、让教师爱上读书，我们成立了教师读书会，一方面互相推荐读好书，另一方面通过开放图书室，举办读书沙龙、心得交流、读书演讲赛等系列活动，促进教师在读书学习中，更新教育教学理念，提升专业素养。

　　我们每周还开展固定的读书研讨活动，老师们在一起推荐好书，并分享阅读心得。我们还设置了学习共同体和课改小组，除了有阅读、交流的要求，还有将书本上的理论运用到课堂中去的实践研究。

　　培养高雅志趣，也是涵养教师气质品德的重要方式。基层农村工作生活节奏较慢，很多人精神文化生活比较贫乏。学校青年教师占比达到 65%，他们学历层次较高，思想活跃，朝气蓬勃，是学校的生力军。为了把他们凝聚起来，我还牵头成立了青年教师文艺爱好者协会。我们定期开展活动，既学专业理论，又排练文艺节目，组织合唱队、舞蹈队，内容丰富多彩。活动给教师搭建了张扬个性的舞台，促使他们释放青春的能量，给校园增添活力。在学校组织的大型活动中，这一群年轻人成了最引人注目、最活跃的主角，用歌声、用舞姿展示了良好的精神风采，也带动了更多教师丰富自己的精神文化生活。这份开拓，唱响了华西实验学校的华彩乐章。

我过去常常半开玩笑地说我们的老师"土"，其实不是嫌弃他们的乡土本色，而是内心有一种担忧：我们的教师和外面的世界差距那么大，他们能教出面向未来的学生吗？

我为此冥思苦想。"请进来，走出去"成为我探索的重要方式。我把自己这些年的人脉资源都梳理出来，逐个拜访相关人士。一轮走访下来，我感觉这些仅仅是杯水车薪，不足以开拓更大的空间。我只好厚着脸皮出去寻找资源，去陌生的学校寻找名师、名校长，力争为我们的教师打造一个好的平台。那些年，我不仅出去走访，还将名师、名校长"请进来"。我们学校先后与常州市溧阳市后六初级中学、江阴初级中学、江阴市实验小学等名校建立联系，开展同课异构、学习观摩、课堂诊断等学科交流活动。我们还聘请了省内外特级教师、学科名师到学校对教师进行长期指导。他们从课堂入手，针对实际问题和典型案例，与教师展开面对面的对话、交流和探讨。

除了"请进来"，我们还有更多的"走出去"。去哪里？怎么去？派谁去呢？首先是与省内外的十多所名校结对学习；同时选派骨干教师到名校交流锻炼，学习提高；接着组织教师参加脱产轮训，多管齐下，让教师开阔眼界。

我只要有时间了，有时甚至特意抽出时间，都要经常带队外出学习。因为我内心始终坚定地认为：哪怕让我们的教师见见世面、开开眼界，也是必要的、值得的。到了大城市，我让他们学习用手机 App 打车、乘坐地铁等，让他们亲身体验现代的城市生活。老师们刚开始像刘姥姥进了大观园，不仅一脸蒙还闹出了不少笑话，但去多了也就慢慢适应并熟练起来。

华西实验学校蔡琴娟：

我当教师已经三十多年了。1998 年我来到华西小学，2007 年学校并入华西实验学校。我很荣幸，见证了华西教育这些年的发展。更幸运的是，在华西实验学校大力培养人才的时候，我获得了很多学习、交流、提升的机会。

我们学校校训是"培养永远的华西人"，其实质就是传承老书记精神。

华西村从老书记开始就很重视教育。我来自华西周边村子，本身在几个学校工作过，通过对比，这种体会就更深刻。我在以前的学校时，一般午餐都是自己带饭，稍微好一点的学校也给教师提供食堂，但是需要我们自己带菜或者花钱才能吃饭。我到华西小学后，都是华西村免费让我们吃，是一个宾馆为我们准备好每天的午饭，像贵宾一样招待我们。

村里对我们教师其他方面的福利和待遇也特别好。一直到现在，每年教师节和过年的时候，华西村的领导们都会来慰问，请我们吃饭，给我们送礼物、送红包。

老书记花费巨大人力和财力建造华西实验学校也是他"富了钱袋子，不忘小孩子"这句话最直接、最朴实的体现。学校动工的时候，老书记都78岁高龄了，还经常去工地看看。学校建成后，他也时不时过来。我记得2012年11月学校建校五周年庆典的时候，老书记特意过来参加典礼，并且在校园里走了一会儿。我们都没看出那个时候他其实已经生病了，他不想让我们担心，就都没有告知。没想到第二年3月，他就永远离开了我们。

老书记去世后，我们都没有也不会忘记他。因为华西精神和吴仁宝精神不仅贯穿在我们的办学理念中，也已经从精神到课堂融入到我们的教学中。

而吴洁书记在践行吴仁宝精神和华西精神方面堪

称率先垂范。她不仅不拿教育局的工资，而且几乎不休节假日，全身心扑在学校的各项工作上，她就是华西精神和老书记精神的绝佳诠释。

我们四个学校刚合并的时候，师资队伍非常薄弱。因此华西实验学校成立后，吴洁书记办的头一件大事就是主抓教师队伍建设。

她从自己身边的资源开始多方面找专家给我们培训，比如最开始是江阴进修学校的教师团队给我们定期、分学科进行系统的学科培训。

在以前的学校，我们老师想要参加上一级的培训非常难，通常一所学校才有一两个名额，而且要求是骨干教师代表，所以大部分教师从来没有过外出培训和学习的机会。吴洁书记把这些专家、资深教师请到华西实验学校后，我们每一个教师都可以听到名师的课，这惠及我们每一个人。

后来针对学校的管理问题，吴书记又请上海的专家给我们中层干部、校级领导进行管理工作的培训。不仅是将专家请进来，她还想尽办法让我们老师出去见世面，包括学习、培训、跟岗、挂职等。

我很幸运，去了很多地方，去过北京、上海、深圳等地的多个学校参观和学习，每次时间也不短。我印象比较深刻的有不少，但不得不提的是三次"北京行"。

第一次去北京是参加中国教育学会的一个论坛。这个论坛的规格比较高，参加的都是校长级别的领导，但是我们学校在吴书记的带队下去了五个老师。参会的不少人都很吃惊地跟我说："你们学校很强势啊，这么舍得对老师投入。"

第二次是参观北京的几所中学。这几所中学的教学设备和管理理念比较先进，参观学习完之后，我们就留在北京对自己学校的管理制度进行讨论和修改。吴书记说，在外地办公就可以让我们撇开身边的琐碎事务，全身心投入工作中。其实，这对于我们而言，不仅可以集中精力提高效率办公，也是身心的一次放松。

第三次是在北京研讨老书记精神。我们不仅请了江苏省的相关专家，还请了北京的一些专家学者，对吴仁宝精神进行学术研讨。当时专家学者很有见地的发言，也让我开阔了眼界。听完后，我觉得自己有豁然开朗的通透感，不知不觉提升了很多。

我很庆幸自己能来到华西工作，尤其是作为一名教师。华西村对我们老师如此重视，我就应该把学生教好，才对得起老书记的重托，才对得起华西人民对我的信任和期待。

在四校合并之前，赵良芳老师已经是原来学校的骨干。但她真正走出去看到更大的世界，还是在华西实验学校创立之后。她忍不住跟我感叹："走出去才知道，同样是小学，差距太大了。"在上海、北京、西安、重庆的学校参观学习，先进的教育理念、严格的教学管理、活泼的课堂氛围……这一切深深触动了学校的老师们。

在深圳龙岗中学，徐敏芝老师跟岗半年，得以全方位参与龙岗中学的日常管理。她很有感触地告诉我："先是被震撼，慢慢冷静下来后，开始学会反思。"

华西实验学校小学部的老师常跟我说，培训对于他们而言就是最大的福利。据不完全统计，建校以来，学校为教师提供的省外交流学习多达500余人次。省内的跨区学习、请进学校的专家交流座谈、校本培训更是不胜枚举。

我坚信，教研活动是教师发展的"牛鼻子"。因此，我们校领导积极组建教研组，由我亲自带领老师们组织开展跨学科的大教研活动，为教研活动拓展出一片新天地，形成互敬互助、互帮互学、共同进步的新气象。

华西实验学校原教师徐敏芝：

2007年我大学毕业就去到华西实验学校了，直到2022年我来到江阴市教育局挂职，在学校的15年是我职业生涯的起始和成熟期。我很幸运，那些年里有吴洁书记这样可遇不可求的"闺蜜领导"对我的人生和事业进行指引。

吴洁书记对教师的培养方式就是她一贯倡导的"请进来，走出去"。她不仅把华东师范大学、南京师范大学、江南大学、淮阴师范学院的专家团队请到学校"把脉问诊"，让一批又一批大师、名师给我们"一对一"辅导；还组织老师们到五湖四海去参观学习，足迹遍布全国各地，甚至安排一批批教师外出挂职交流，从江阴市里的实验小学、初级中学到市外、省外的学校。

我很幸运，去过不少很有名的学校。印象中有一次我在一所初中上公开课，学生对读过的一本书进行交流，侃侃而谈，对书本内容信手拈来，这让我感觉到他们交流读后感的水平非常高。还有一次我在北京的一个幼儿园，感觉到北京的孩子接受的系统教育非常好，他们的表达能力、人际交往能力都让我感到震惊。我还去过上海、浙江、山东、福建等地方学习，收获都很大。

记忆最深刻的就是去深圳龙岗中学挂职交流，那一次我们总共去了四个老师，交流学习了一个学期。

我本身是教英语课的，但在龙岗中学挂职时主要从事德育工作，学习他们德育工作的开展。当时碰巧有个班主任生孩子，我就接管她班承担了四个多月的班主任工作。这期间感慨颇多，我先是被他们的教学和管理方式震撼，然后自己慢慢冷静下来，开始学会反思。

每次从外面进修、学习回到华西实验学校，我都会把学到的东西和感想跟大家一起分享。在2013年的时候，龙岗中学就已经在用思维导图的方式进行教学了，我当时觉得很新鲜，听完几节课后，感觉到这种方式很有用，形象、高效。于是回到我们学校，我给老师们介绍了这种教学方式。

其中，让我觉得最可行的就是"推门听课"。龙岗中学的"推门听课"就是行政常态化的体现，行政人员去教室里，随机听取某一门学科的老师上课。这是随机行为，不会提前跟老师打招呼，其实是为了促进老师平时的课堂教学更严谨。

我觉得这种听课方式非常好，回华西实验学校后反复跟校领导建议。学校根据实际情况，采纳了我的意见，并且做了一些改变。

吴书记和校领导将宝贵的学习机会给予我，我肯定不仅要好好学习和提升，还要学有所用，将先进理念带回来，改变我们自己的学校。

2007年刚入校时，我听从学校安排，去职高教课。学校并没有因为这些学生是职高的孩子就轻视他们，而是一视同仁，完全没有偏见。吴书记还想方设法为孩子们创造实习和就业的条件。我们职高有旅游、机电、财会、烹饪四个班。这四个专业都是根据华西的人才需求进行培养的。吴书记请江阴最好的中专学校的老师给我们旅游班的学生授课，还让我们的老师去南京的旅游职业学校的旅游餐饮专业学习，我还趁机考了一个餐饮资格证。

其实我们老师对职高的学生也是非常严格的，不仅希望他们学得一技之长，也希望他们把语数外等基本学科学扎实了。快毕业的时候，吴书记又安排他们去北京的酒店实习，实习期超过了一个月。这对学生而言肯定是很难得的机会，对他们将来就业是有极大帮助的。

华西村从老书记到吴协书记，可谓对教育都是极其重视和负责的。如果不重视，村里也不可能用1亿多元来建华西实验学校。我还记得刚建校的时候，也就是我刚来华西的时候，老书记带着我们所有教职工一起参观大华西，他亲自给我们讲华西的历史，还跟我们座谈聊天。后来，老书记也时不时来学校看看，到课堂里听听课。他的这些举动对我们年轻教师是有很大触动的，一个80岁的老人，没有赋闲在家颐养天年，还为了华西的教育和娃娃们奔波，都让我们感动，也让我们深觉责任重大。

吴洁书记也是一心扑在教育上，是一位事业型女性。有人说她脾气大，其实我特别能理解她。尤其是我到教育局挂职后，更能感同身受她的心情。她是为了华西的教育付出太多，为了师生的切身利益着想，各种琐事一多，就会着急上火。身为领导，要考虑的事情就多了，人自然会相对急躁。如果我们华西实验学校的向心力更强大，相信大家都能更心平气和了。

在华西村，因为吴仁宝老书记淬炼的"华西精神"，我们有了传承光大的历史责任；在华西实验学校，因为吴洁书记对国家民族、"人的发展"根植深埋的"无疆大爱"，我们把"做永远的华西人"作为一个美好的信念、一种坚定的信仰、一份教育的担当、一项永远的使命。

除了专业素养，教师综合素质的提高最终还是依赖于他们自身的觉悟，需要崇高的精神去滋养。我们充分利用老书记这个典型人物做文章，不仅做相关研究，还开发了校本课程。

我鼓励教师进行微课题研究，积极申报江阴市级及以上专项课题。学校曾申报江苏省品格提升工程"'吴仁宝精神'主题体验教育"。学校还开发了"吴仁宝与华西精神"系列校本课程。通过故事精读、故事选讲、故事链接和探究活动,我们带领学生走进社区、走向社会,并定期开展尊老爱幼、文明知识传播等志愿行动。

基于课题、课程的实践研究,教师队伍的凝聚力增强了,综合素养也得到了提高。教师的事业观、学生观、课堂观等也得以有效提升。

在这一系列措施的加持下,我们的老师进步很快,甚至获得全国性大奖。2020年10月,我们学校的物理老师朱峰磊在第八届全国中小学实验教学说课比赛中,荣获"2020年度全国中小学实验教学能手"称号。这是多么值得骄傲和自豪的事情,我适时抓住这样一个关键性事件"大做文章"。我不仅第一时间给大家转发这个好消息,更是布置教学处、德育处、教师发展处一起组织召开一次初中部全体会议。我不仅对得奖老师进行表扬鼓励,更是要让大家明白:学校集体有了发展,个人才能更好地成长。

"流水不腐,户枢不蠹。"基层农村教育要充满活力,我认为首要在打破农村的资源瓶颈,让优质的教育资源往下流动,使愿意成长、成才的老师得到机会和舞台。

在江阴市教育局的支持下,通过公开招聘,华西实验学校的教师队伍每年都有优秀的大学生充实进来。村里也为教师在生活上提供各种便利,大家热心为青年教师牵线做媒,为外地教师在本地安家落户创造条件。新鲜血液的不断注入,为华西教师队伍的成长创造了很好的基础条件。我们对农村教师专业发展的执着，让华西教师队伍脱胎换骨。

到目前，华西实验学校已经拥有近 30 名高级教师，与建校之初没有一位高级教师相比是多么巨大的变化。同时，学校还涌现出了一批无锡市级、江阴市级骨干教师，教师本科率为93% 以上。即便和城里的教师站在一起，华西学校的农村教师在自信的气质和专业的能力上也毫不逊色。

教师更优秀，学生更自信。重构教师队伍后，学校的一切都在向好发展。只是当这一切都形成良性循环后，我最担心的事情也随之产生了。

回过头来看，我们在摸索中虽然有曲折和坎坷，但是终归想出了各种方法去避开和化解。最让我感到痛心和无奈的还是，我们精心培养出来的一些骨干教师，他们挥一挥衣袖就匆忙离去。记得 2013 年，有一位老师要调到城里的学校去，我们校领导经过讨论后同意了他的申请。他却委托一位我们村里的长辈给我打电话，目的是希望能马上就走。我首先考虑到学校是有相关制度的，我们应该按规定办事。更重要的是，当时已经是 6 月份了，马上就要进入期末总复习和考试，就希望他先踏实带着学生顺利度过这个学期。但是，不久后，这位长辈又给我打来电话。我正在开车，还赶紧跟他解释清楚情况。他却给我放下了狠话："听你们学校的安排，如果这个老师发生了极端事件，那你吴洁就要负责！"

当时，老书记才去世两个多月，我还沉浸在悲伤和无助当中。听到这样一番话，我一边开车一边忍不住哭了出来。连日来的感伤和委屈，在那一刻终于绷不住了，我的压力像洪水一样全释放了出来。我不怪那些要离开的老师，人都想往高处走，我们毕竟是乡村学校，在很多方面比不上城市里的学校。我很理解他们，大多是为了家庭和孩子做出的选择。我也成全他们，希望他们未来有更好的发展。

只是，从学校而言，校有校规；从老师个人而言，应该怀有感恩之心。我们之所以把教师离职的规范写进制度里，也是因为在学校得到全方位发展、教师不断获得提升后，时不时就有优秀教师离开。这些举动经常让学校措手不及，更糟糕的是，还会动摇一些年轻教师要留在华西的信心。学校经过深思熟虑才制定了"调离学校，需要提前一年上交书面申请"的规定。这之前我们做了充分的教师民意调查，这是经过自下而上再从上到下的反复讨论后通过的决定。自此以后，关于教师调动的问题变得更规范和顺畅了，但是也带来了上述那种"找人情""托关系"的不良行为。

在幼儿园，我通过做媒比较有效地挽留住了外来的优秀教师。但当时实验学校的老师们通过四校合并而来，大部分都是周边居民，拥有自己比较成熟的圈子，我自然明白并理解，他们有自己的规划和追求。他们在变得强大和优秀后，选择去更有利于自己和家庭发展的学校，都是人之常情。多年以后，当我从事老书记精神研究，我更深刻理解了他当年"个人富了不算富，集体富了才算富；一村富了不算富，全国富了才算富"的追求，真的是太难了。我管理一所学校尚且如此，何况他要顾及全村老小呢？

师者，所以传道授业解惑也。十六年来，我始终不敢怠慢的就是教师问题，我始终相信，只有高水平的教师，才能教出高素质的孩子；只有教师幸福了，孩子才会幸福。直到现在，我都认为教师是很幸福的职业，不仅有不低的固定收入保障，而且每年有长达三个月的带薪假期，更重要的是一分耕耘一分收获，只要对孩子付出真心，就能看到他们的笑脸，获得他们的信任。见证学生的成长是多么幸福又自豪的事情！自始至终，在教师队伍的重建、教师的培养上，我不遗余力。纵使现在已经离开了学校，每每回想起来，我都可以问心无愧。

请进来，走出去

为了培养我们的老师尽快成长，在众多尝试中，我认为最有成效的方式之一就是"请进来，走出去"。这也是我当初在幼儿园积累下来的比较成功的经验，我直接带到了华西实验学校。但是这里的情况要复杂太多，幸而我在这一路颠簸中遇到了一些校长和恩师，感谢他们给我提供了很多专业上的帮助，让我的改革和探索之路顺畅了许多。

问题凸显

刚组建好实验学校的时候，我就感觉到了教师之间层次的差异。我一直以为老师的素质应该是普遍高于普通人的，尤其我们都是农村人，文化水平大多不高，既然"学为人师"，就应该有老师的模样和典范。

但是，学校里老师的问题暴露得越来越多。他们不仅业务能力不高还不追求进步，而且穿着、谈吐也很随意，甚至还有打麻将赌钱的陋习，更别提有不少老师完全没有正经上班的意识，他们想来就来，想走就走。真是一团乱麻，让我伤透脑筋！

这样的教师队伍如何教育好我们华西的娃娃呢？如何能"行为世范"呢？投资一亿多的学校怎么才能办成老书记说的"百年名校"呢？

由于教师是四校合并而来的，都有教育局的编制，我不可能通过社会招聘找到我想要的新老师。当务之急只能改变现有的教师，让他们接受再教育来实现全面提升。通过初步调查和了解，我很吃惊，别说无锡和南京，大部分老师都没有去过江阴听课。并不是他们不想去，而是根本没有机会。所以我要帮助他们，先找市里的资深教师来给他们上课。

向外求助

在幼儿园做园长的时候，我寻找的是自己读幼师时的老师、同学和学校的资源，但是小学和中学的师生、朋友关系就寥寥。我立马想到了两个人。

第一个人是我儿子就读的江阴市实验小学的校长。还记得刚盖学校的时候，就是他给我"泼冷水"，他说："造学校只要有钱就很容易办到，但是办学校是很不容易的。"当我果真体验到这些"不容易"时，我还想找他给我出主意。

第二个人是我的一个邻居，他是江阴中学的校长。

我去找他们取经，自然不能空着手去。我就从学校的菜地里刨了好些地瓜，每个都有四五斤重，装在一个袋子里，再加上两颗白菜。这些东西都不值钱，但都是我和学生们亲手种出来的，所谓"礼轻情意重"。

两位校长看出了我的诚意，自然也是以礼相待的。我记得在小学校长家的厨房里，我们俩谈了两个多小时，我提出了很多很多的困惑，他一边让我思考，一边给我指点。在中学校长家，他第一句话就把我问倒了。他问："你们学校采取的是部管理还是线管理？"我一下就蒙了，什么是"部管理"，什么又是"线管理"？他给我——解释，我才明白，其实我们学校采取的是"线部结合"的管理模式……

多亏了他们两位在最初给予我的支持，接纳了我们学校的老师去他们各自的学校参加培训。刚开始是老师们轮着去，进行为期一周的跟班观摩学习，后来发现效果不明显，跟班的时间太短。经过协调后，我们选派了业务能力相对比较好的老师过去锻炼一个学期，先跟班观摩，后实践讲课。一个学期下来，老师们得到了明显的提高。

后来我们在申报无锡市规范学校时，这两位校长和相关校领导为我们学校的"校训""办学理念""办学目标"等内容的提炼提供了极大的帮助。

正是这两位贵人在建校那几年给予我的指导，让我跨过了很多"沟壑"。

经过培训回来的老师，业务能力普遍提升了很多，但是他们中的一部分却不具有乐于助人的精神。他们不愿意"传帮带"年轻老师，不舍得把自己学到的东西与学校的其他老师分享。这个结果与我让他们出去学习的目的是背道而驰的，到底是哪里出了问题呢？

细细思量我才发现，原来还是老旧机制在作祟。这些外出学习的老师都是原来学校的骨干，他们还停留在原来的教学理念和方法上，这样短时间的外出学习或许也改变不了什么。这种选拔的方式自然是不公平和不合理的。后来有一件事证实了我的判断。多年前我就发现老师们为了防止学生晨读犯困，就让他们把椅子搬到课桌上，人站在课桌后朗读。我认为这样既不美观，对学生又不够尊重，对这种简单粗暴的方式能否达到想要的效果也是心存质疑的。最重要的是，教室里门窗紧闭，空气污浊，怎能不犯困呢？于是我跟相关老师进行交流，建议他们去寻找学生打瞌睡的真正原因，要从源头解决问题。部分老师听从了我的建议，但是还有一部分老师继续用着他们认为有效的方法。这么多年过去了，这部分老师仍然我行我素，这种奇怪的晨读方式也成了我们学校一道特有的风景线。

因此，我又开始思考新的方法，一种尽量惠及所有老师的培训方式。我又想到了我的母校——江阴教师进修学校。我跑过去跟他们商量，能否请那边的老师来华西，来到我们学校，为我们老师进行长期的持续的培训？他们毫不犹豫就答应了。于是，我们进行了一年的合作，进修学校的老师每周六过来给我们老师集中半天教学。

因为要占用周末的时间，部分老师不愿意参加培训，这又一次出乎我的意料。我只好用"加班"的形式来给他们补课，既然是加班就得要有加班费。三个小时的上课时间折合为三节课的课时费。在有课时费补偿的前提下，大部分老师都自愿过来上课了。这一年的普惠学习，还是很有效果的。部分老师会学以致用，还有部分老师意识到了自身的短板开始主动学习，也有部分老师开始就某些突出的问题进行集中讨论……这些现象都是可喜的，但也是短暂的。

我终于想到，自己学校的老师不能完全交给别人培养，还需要结合自我培养的方式。我们需要建立适合自己学校的管理制度导向。于是，我一边摸索制定制度，一边亲自带年轻老师。

"请进来"培养

我特意成立了"青年教师文艺协会"，并且告诉老师们，协会每个星期五下午放学后开始活动，没有加班费，但是我会给大家提供工作餐。刚开始有二十多个教师参加。我们这个协会都干什么呢？其实就是把老师组织起来唱歌、跳舞、读书，在轻松的氛围中交流感想。在学校五周年活动的时候，我们这个协会表演的节目受到了很多人的赞赏。

随着青年教师不断进步，我也时常带他们出去参加活动或者团建，于是越来越多的教师想要加入进来。一年之后，协会竟然增加到近100人。人数一多，各种问题接踵而至，队伍又开始不好管理了。当时，我就意识到制度的重要性，不能再等了，必须制定出一套制度来规范学校的管理。

这一次，需要走出江阴了，需要更专业的专家来帮助我们先学习如何管理。我去上海，找到那位我在上海求学期间，帮助我补习英语的张老师。这些年我们时常还有联系，我深记当年她对我的帮助，所以总会不时地问候她。张老师不仅热情接待了我，还给我介绍了两所中学的校长。

我们的第一轮合作就是将时任华西实验学校校长周建忠送到上海的中学去跟学管理。他第一次去进行了一个半月的跟岗学习做"影子校长"。这期间，我还特意到上海去看望他。多年以后，周校长提起这件事情又对我表达了感谢，回忆起我去上海问他需不需要帮助，说自己当时真的特别感动。其实那时的我在上海又有多少资源呢？我就是知道只身在外不容易，希望能给他解决一些实际困难，其实更多的是心理安慰罢了。周校长学习回来后，在规范办学的理念上确实得到了提升，提出了不少有效的建议。

华西实验学校原校长周建忠：

我是在华西实验学校四校合并时加入这个大家庭的。原来的华西小学和瓠岱小学于 2007 年先进行了合并，大概一个学期后才又将马桥中学和瓠岱中学合并过来。我就是其中一所农村中学的校长。到华西实验学校半年多后，大概由于我是土生土长的，又对村里和学校情况比较了解，2009 年我被正式任命为校长。

这么算来，到 2022 年，我和吴洁书记的合作已经 14 年了。

老书记殷殷关切，曾想办大学

回想学校刚合并那两年，问题确实不少，尤其是每个学校都各自形成独立的小集体，互相不沟通，显得散漫、没有"主心骨"。我们几个校领导一致认为当时最主要的工作就是将四个学校的教师拧成一股绳，形成华西实验学校的凝聚力。吴洁书记采取了很多办法，甚至吴仁宝老书记也为此操心。

那几年，老书记从建学校开始就密切关心整个工程的进度，学校合并组建期间，他也颇费了些心思。老书记带着学校所有的老师参观大华西，包括一些工厂企业和旅游景点。他和我们一起吃饭，还让我们所有的老师统一住在会议中心，以此促进交流、增进感情。老书记当时给我们作报告，描绘着华西教育的未来。他还说："你们把华西教育弄好，我们村里面是不会忘记你们的，尤其你们几个校领导，我要给你们每个人奖励一辆小车。"他真的是说到做到！

2009年的时候，我们学校就有60%以上的孩子来自外来务工人员家庭，我们称他们为新市民，这个数据后来很快就达到了70%。老书记说，"我们要让村里的孩子都有学上，家长才能踏实、放心地工作"，尤其是对新市民而言，首先要保证他们有工作，其次要有住的地方，最后就是让他们的孩子能在我们华西村有学上、上好学。

当年，老书记就是考虑到要让华西的孩子不仅能就近入学——最好从幼儿园到大学都在华西村上完，还要能上好学——要有好的学校和优秀的老师。所以他能毫不犹豫地拿出1.3亿元来建华西实验学校，建设工程也是在他的要求下提前完成的，整个工期都很符合他雷厉风行的特点。而且，刚造好华西实验学校不久，2008年的时候，老书记还设想要建一所华西村自己的大学，不仅预留了建大学的土地，也邀请过一些大学的校长进行洽谈。只是因为遭遇国际金融危机和其他一些问题，这一设想才搁浅了，但是老书记对华西实验学校的关心从来没有减少过。

校领导齐心合力，吴洁书记多方发力

在老书记的强力支持和带动下，我们校领导也铆足干劲、提起精神开始进行一系列的改造。

吴洁书记主抓教师队伍建设和教师思想的高度统一两项重要工作。为了改变大部分农村教师穿着随意、自由散漫的作风，提升大家的精气神，她首先就定制了统一的校服。人靠衣装马靠鞍，通过整齐划一的校服包装，教师的整体形象发生了改变。

随之而来就是改变原有的教师结构——合并前的四个学校都有自己原来的干部，但合并后不能都还做干部。为了打造一支过硬的干部队伍，让"能者上"，2009年，吴书记开始推动实施中层干部竞聘上岗的制度。这个制度的推行是非常需要魄力和毅力的。当时吴书记请来外校的专家给我们参加竞聘的老师进行打分，根据综合评定选出适合的人，最后公示。我们还给每个任职干部发了聘书，有的是一年，有的是三年。

这些干部里面有一部分是原来就有学校编制的，还有一部分是学校新成立时通过社会招聘而来的，这部分人我们称之为"后备干部"。后备干部普遍比较年轻，经过几年的培养，大部分也都成了骨干教师和校中层干部。

竞聘上岗后，吴书记开始带老师们在不影响教学的前提下频繁出去参观、学习，开阔大家的眼界。她先组织中层干部外出，去各个学校学习对方的管理经验，也看看其他学校老师们的精神面貌、学生的学习状态等。她让大家进行对比，找不足，找方向。她一直强调，我们要办一所高质量的学校，首先要从教师自身做起。

我任校长以后，也着手相关的制度建设。我们也要将学校的质量管理落实在文字上，印成小册子发给大家。但是光靠我们几个校领导自己想还是不够的，所以我们也不断出去学习，同时吴书记还请了江阴的一些名校校长、上海的退休老校长等在教育界有丰富管理经验的人士给我们出谋划策。他们从教师管理、评价机制等全方面对我们学校进行深入了解。

经过半年左右的沟通、打磨，我们又不断征求教师意见，最后制定出比较适合我们学校的质量管理手册，老师们也都基本认可。从此以后每年暑假，我们都会组织教师集中一段时间，对质量管理手册进行修改和补充，这不仅让制度与时俱进，也充分体现了我们管理的民主性。

外出学习助成长，我也是受益者

这期间我先去了溧阳市后六中学跟岗学习一个星

期，主要就是学习他们如何培养学生的自主管理能力。后六中学作为一所普通农村中学，多年前异军突起，通过尊重学生的学习规律摸索出自己的一套机制，让学生形成了自主学习的习惯，从教育管理到教学质量跃升到全省前列。后六中学曾经也跟我们一样是几个学校合并而成的，也经历过很多我们遇到的问题和困惑，所以我跟他们学校领导有很多共同语言。在那里跟岗，我还是学习到了不少有益的经验，尤其是教师和制度管理方面，这让我本人也得到了提升。

不久之后，吴书记给我联系了上海华东师范大学附属东昌中学南校，我去挂职学习了一个月。东昌中学南校的校长袁钫芳是吴书记老师的学生，是吴书记绕着圈子为我找了这么一个难得的学习机会。这所学校整体实力比较雄厚，师生素质也比较高，我也有很大的触动和收获。

通过外出学习、引进优秀教师，以及学校制度的有效管理，三年下来，我们学校老师的凝聚力增强了很多，大家的精气神与建校之初完全不一样了。

这里不得不提吴书记通过她自己的资源和努力邀请了很多有经验的资深教师、校长进我们学校的事情，有的是她的老师，有的是她的同学，还有的是她的朋友。这些专家来我们华西实验学校蹲点指导，通常都是待一段时间，有的每个星期过来一次，有的每个月来两次，有的在这里住上几个月，还有的会坚持帮扶三五年……

对于这些深造学习机会，我自己也是深有感受的。我原来任职的中学只有七八个班级总共不到30名老师，人少好管理，教学质量也不错，大家过得比较安逸。但是到华西实验学校就完全不同了，200多名教师，3600多名学生，近十倍的体量。管理这么大一所学校，刚开始我也感到力不从心，无从下手。但是经过不断的"走出去"学习和"请进来"专家给我们把脉问诊、帮助我们不断提高，我对管理工作才逐渐得心应手。虽然当时我也快50岁了，但看着吴书记各种想法、思路、改革举措和那股不服输的精神，我也干劲十足。现在回想，都觉得不可思议。

这十几年来，我和吴书记的合作可谓是分工明确又合作愉快。尽管工作中难免有不同意见，但是我们坦诚交流，最后总能达成共识。有时候她着急，不免有脾气，我就让她一口气把话都说完，再冷静一下。我干工作从来都是对事不对人，只要想到吴书记对学校完全没有私心——不仅通过自己的人脉给我们介绍各种学习、参观、跟岗的机会，还经常自己掏钱帮我们交培训费、请老师吃饭旅游，我就能理解和体谅她的用心。而吴书记这个人有个很大的优点，就是她会反思，跟大家说不通的时候，她会不断思考，想想问题出在哪里，该用什么方法更好。所以一直以来，我们的合作都是比较顺畅的。

吴书记还很无私，每次有评选优秀的机会，她都让出来，让给学校其他领导和老师们。她总说，自己做的工作只要能得到学校老师们的认可，就是她最大的荣誉。

虽然我们两个现在都不在学校负责相关工作了，但是经过我们培养起来的这一批干部都是能经受住考验的，也是可以有所作为的。只要学校的相关制度还在施行，学校的发展应该是可以按正常轨道进行的。

随后，那两位上海的校长来到华西支援我们的制度管理建设，他们每个月都过来，持续了三年。后来又加入了一位上海来的小学校长，她也支持了两年。三位校长协助我们制定学校章程、管理制度，全面参与学校的教育教学。从这以后，我们开始陆续引进其他学校的资深校长和优秀教师，不断给我们的教师进行培训。

在此，不得不提到一位老师，他坚持十年，对我们教师培训做出了极大贡献，他就是上海市语文特级教师孙宗良。我跟他的相识纯属偶然，没想到之后他却持续帮助了我们近十年。

　　大概是 2012 年冬天，华东师范大学教育部中学校长培训中心的韦保宁老师帮助我们邀请专家举办了一次教学研讨会，语文学科就请了孙宗良老师。那也是我们第一次见面，当时还没有直接交流。但是我们江阴一所高中的校长特意过来跟我说："你们真行啊，能把孙特（对特级教师的简称）请过来，这是一位很厉害的老师。"

　　我以前一直从事学前教育工作，对中学教育比较陌生，加上大多数时候都只囿于华西村，对全国知名的中学教师知道得自然就不多，更不知道我眼前的孙宗良老师不仅是语文特级教师，还是上海市中小学教材审查专家组成员、上海市长宁区优秀学科带头人……当时的我对外面的世界是多么的无知，在倍感惭愧的同时，我更加坚定了要多外出学习认识更多教育人士的想法。

　　通过最初的接触，我就感觉到孙特是一个很朴素又实在的人。他话不多，大多时候都是在认真倾听，但说出来的每一句话又是很真诚且切中要点的，给人很稳重踏实又值得信任的感觉。在一次工作晚餐上，我就试探性问了一下孙特："希望将来您能多到我们学校来指导工作。"他当时没有拒绝，我觉得应该是可以继续合作的，就要了他的电话号码。过后没多久我就给孙特打电话，开始正式和他谈我们华西实验学校的情况，并郑重邀请他过来给我们的语文老师进行定期培训。孙特应该是慎重考虑过的，他跟我商谈了培训目标和计划。我们初步定了为期一年的培养规划，孙特每个月从上海到华西一次。

一年合作期满后，我们发现老师们有了明显的进步。而且这种定期走进学校的培养模式是非常有效的，脚踏实地又有的放矢。

后来我逐渐发现，孙特除了擅长讲课之外，在科研方面也是一把好手。于是我又提出请他给我们全校老师辅导科研，帮助提升他们做课题的能力。那时候，我就意识到科研兴校，要培养一支研究型的教师队伍。教师在做研究的过程中，会形成他们自己的分析能力，学会分析和判断才能不断追求真理。我一直没有放弃把教师培养成有研究能力的人，离开学校后我对下属也是如此要求的。

随后，我跟孙特又制定了"三年计划"，后来发展到"五年计划"……他对我们学校老师的培养一直持续到我离开学校那年。孙特来之前，我们学校具有高级职称的老师屈指可数，经过他的悉心指导后，我们才有了越来越多具有高级职称的老师。对于这项成绩的取得，孙特功不可没。

这些年交往下来，孙特无论是人品、能力还是对教育的情怀都是让我敬佩的，虽然这两年没有工作上的直接合作，但我们还能像老朋友一样时不时叙叙旧，谈谈当下的工作和生活。

上海市语文特级教师孙宗良：

吴洁告诉我说她是在研讨活动上通过一位高中校长知道我的，随后她就邀请我去华西村给他们实验学校的教师讲课。那大概是 2012 年的时候，我最初考虑从上海去华西距离不近，在往返不便利的情况下可能会影响帮扶效果。但是她满怀诚意，情真意切地跟我讲华西教育的困境和她的诉求以及责任担当，这让我想起了我自己年轻时候的一段经历。

我曾经在广东一个县城教语文。有一年，学校要开展一个教师培训项目，我提出要请一流的专家过来指导。我当时很敬仰中国语文教育家、语文特级教师于漪，特别想邀请到她为我们讲课。既然是我提出的建议，这个任务自然就交给我去办了。但实际上我俩并不认识，我只得多方找线索。那时偶然发现《语文教学与研究》杂志的顾问正好是于漪。我赶紧联系上杂志社的编辑，但是他们说于漪老师年纪大了，平时又很忙，很难请到。幸好，他们把于老师的联系方式给了我。

我心里没有把握，只是抱着试试看的想法按这个号码打了过去，正好是于老师接的电话。我就把我们学校的情况和我要邀请她为我们讲课的愿望一股脑儿地说了出来，没想到她竟然一口就答应了。说实话，我很意外。我其实都做好了被拒绝的心理准备，孰料这么容易就办成了。而且于老师不要任何费用，无偿为我们讲课。

后来我成了于漪老师的学生。跟她熟络后我提起这件事情，问她当年为什么那么爽快就答应去我们那个小地方讲课。于老师说："你们一个小县城要办一件事情太不容易了。像这样的地方来人找到我，我能帮，就帮一帮吧。"

这件事情对我的触动很大。在于老师的影响下，我对教育这份事业更执着了，而且我也愿意用于老师那样的态度来对待需要我帮助的地方基层教育者。

所以当吴洁请我给他们的老师讲课的时候，我没有拒绝。华西村当年的经济已经如此发达，但教育还相对薄弱，四个学校合并而成的一所新学校，肯定会遇到不少困难。吴洁很恳切，也很着急，她跟我说学校的老师们之前几乎从来没有看过外面的教育是什么样子，作为村级学校，更没有外出培训的机会。后来尽管她多方找资源带着老师们到各个地方去参观学习，但是效果都不明显。吴洁认定只有相对稳定的、有计划的、系统的培训，有专家"手把手"带领，才能真正帮助老师们实现成长。

吴洁向我提出："不是来一次两次，要定期过来帮帮我们。"她没有让我马上答应,而是趁着国庆节假期,让我和夫人一起去华西村四处走走,再到学校好好看看。通过这次走访和初步了解,我觉得自己还是可以贡献一点力量来帮帮他们的,所以我当时答应就来一年。

从那时开始,我每个月去一次华西村,一次待两天,主要就是提升语文教师的教学水平。当时华西实验学校有一批社会招聘的老师,尤其是当中外来的应聘者都具有比较强的上进心。相对于另外一部分具有学校编制、来自农村学校的"老"教师们,这批"新人"引发了"鲇鱼效应",激活了一批想要有所改变的教师。

一年下来,学校老师的精神面貌发生了可喜的变化。一部分年轻人和骨干教师从被动变成了主动,他们开始思考自己想要什么、能做什么,能自主提出问题,这些都是好的迹象,说明他们在追求进步了。另外,老师们对课堂的理解也发生了变化。我跟他们强调过,教师虽然是以课堂为主阵地,但其背后体现的都是自己的理性思考,所以不能仅仅停留在易于模仿的课堂技巧层面,更要结合课堂实际做研究。一年后,他们对课堂和学科的理解,确实更深入了。

　　吴洁也看到了这些变化，她就跟我说："孙特，一年不够，我们的老师还需要时间来成长，再来三年吧。"

　　看到一切都在向好发展，我又答应了吴洁的邀请。接下来的三年，我不仅做语文教学的辅导工作，还带着老师们一起做课题研究。因为吴洁分管村里的教育，所以只要跟教育相关的，包括幼儿园教师的培训、村里的文化建设，我都参与其中。

　　这三年来，仅华西实验学校语文组就有七位教师评上了高级职称，其他学科也有不少。我感觉到很欣慰，这种被需要又有收获的付出让我也有一定的成就感。于是我和华西村教育事业的合作就一直延续下去了。

　　后面那几年我和学校在学科课程建设方面的探讨比较多，比如我们一起构建了劳动课程、自然科学等，当然也做了不少课题研究。我每次到学校都要跟课题小组有一次完整的沟通，讨论一下大家做了什么，接下来又该怎么做。

　　我最记得那个持续了三年的课题——"苏南农村学校文化与乡村文明互动发展的校本实践研究"。当时与一个老师讨论后形成了这个题目，我为此提了三个关键词"传承、建构、反哺"，我希望它是通过对华西村的学校文化及吴仁宝老书记精神传承的调研，反映出苏南地区的文化建设成果。这样的课题是非常有价值的，如果做好了，对全国的农村教育都是有示范作用的，而且由华西实验学校的老师做是最理所当然的，他们具有天然优势。

参与课题的老师们积极性很高。我每次到华西村，他们都会给我上交一段时间以来调研和写作的书面材料，我们就此展开讨论和布置下一阶段的工作。

这十年来，我跟华西的教育可以说产生了一种不离不弃的感情。我不仅亲眼见证华西村老师们的变化，也亲身经历着吴洁这十年来的蜕变——她从原来那个满怀热情、风风火火、直来直去的管理"新手"成长为会深入思考的、成熟的学校领导者。历经世事更易后，她实则成了华西教育的"寻道者"。

我认为，华西教育一直有其天时地利的优势，又有吴仁宝精神的加持，有吴洁的坚持和付出，应该是可以有所作为的。在整个中国的教育体系中，华西实验学校是有独特价值的农村学校，在农村教育中华西教育也是有其研究价值的。我们可以以此思考，在乡村振兴战略中如何振兴乡村教育，如何打造全国一流至少是有特色的农村学校……

反思得与失

毫无疑问，"请进来，走出去"的方法成就了我们很多老师，学校的教学质量也有很大改善。但是，这个过程中我也经历了坎坷和失败。

第一次是尝试国学教育。我去山东曲阜的学校考察，看到他们的学生从小就开始学《论语》，孩子们在国学教育的浸润下透出与众不同的人文修养气质。于是，回到华西村，我也在小学推广学习《论语》。但是由于我们的老师没有国学基础，他们当中相当一部分人甚至都不理解《论语》，就更没法教会学生了；而学生们也没有从小接触国学的环境，学起来相当费劲。大家为此苦不堪言，我也只好仓促作罢。

第二次是我在上海考察后开始思考如何从制度管理走向文化建设。当时上海那边正在施行教育 ISO9000 质量管理体系，这套体系规范而科学，瞬间开阔了我的眼界，甚至让我"膜拜"起来，当即就决定我们也要这样做。我就把这套管理体系引入了华西实验学校，我首先试行于教师竞聘上岗——我们设置了 19 个岗位，没想到只有 20 个人参加竞聘。无疑，这样的参竞比注定是失败的。后来，这套体系下的其他制度在我们这里也无法施行。

直到 2012 年，我去华东师范大学参加校长班培训，听了专家讲课，才真正豁然开朗。那年一过完春节，我就立马动身去上海了。在校长班,我遇到了对我影响深远的又一位恩师——华东师范大学教授陈玉琨。这个名字在教育界如雷贯耳,平时我也只是在他的书中汲取教育精华。直到有幸在开班仪式上听了他的演讲,我顿时就像被得道高人打通了任督二脉,身心舒畅,有了醍醐灌顶的感觉。

陈玉琨教授在演讲中提到改革的三种方式:第一种是速战速决的心态,改革多半很快就失败;第二种是慢悠悠、不着急地改,那就慢慢等"死";第三种是根据实际情况,有的放矢地改,成功的概率就大。他强调,新时代教育应该是国际视野和本土情怀的结合,是科技素养与人文品质的结合,要强调个性特长与团队意识的一致,也要重视身体健康与心理健全的协调,最后,还要善于继承。

我顿时悟到,为何我之前的教学和制度改革会水土不服,不了了之。究其根本,就是没有从我们华西村的实际出发,犯了"拿来主义"的错误。在从零起步的过程中,我们总是从模仿开始的,但走着走着就变成了"照搬照抄",没有停下来回头看,没有根据我们的实际情况形成自己的认知,这显然是仓促的,也是不负责任的。眼下,我们的孩子还没有形成大城市孩子的基本素质,我们的老师更是没有接受过综合、系统性的培训,不因地制宜的改革注定是要失败的。

从这以后,我开始思考适合我们华西农村人文环境的"本土教育",才有了后来具有我们自己特色的音乐教育、劳动教育和"吴仁宝精神"教育的成功探索。

回想每一次"请进来"和"走出去",我都很感恩遇到的那些贵人。在他们的帮助下,我的教育理念和管理水平得到飞速提高,我们的老师也在教学和科研等方面都有了质的变化。

建校十周年时,中国网的记者采访我,我自豪地跟她说:"我很开心,我很自豪,我感觉到就是我的一个小小的梦想实现了。"正是通过十年坚持实施"请进来,送出去",我们的老师不一样了,他们遇到问题会自己主动去思考了,他们的精气神也发生了改变。看到老师们的进步,我特别高兴。

我确实一直比较幸运,从上学开始就不断遇到很多好人,一直受惠于他们的帮助。我也深深记得爷爷和父亲的话,"要感恩做人"。逢年过节,我都会给帮助过我的人带去我诚挚的感恩和问候。就是通过这些联系,他们也尽可能地帮助我,给予我很多实用性启发,让我的乡村教育事业少走了很多弯路。

与华东师范大学的渊源

当把越来越多老师送出去的时候，当看到他们在不断进步的时候，我发现自己也要与时俱进，更要走在他们前面。我开始寻找跟提升自己相关的一些学习机会。2012 年能去华东师范大学学习进修，对当时的我来说，其实是根本不敢想象的。当时，我以旁听生的身份到华东师范大学教育部中学校长培训中心学习。

在华东师范大学的学习不仅开阔了我的视野，还让我一直埋头进行的一些探索和实践有了理论支撑。就是在那时，我接触到了陈玉琨教授的"改革理论"，并开始思考针对华西实验学校的变革方案；在那里，我坚定了既要有国际视野，又要有立足本土的教育思想；从那时，我知道了自己在做的很多事情是有理论支撑的，也不断认识到自己有很多不足之处……

那是我第一次开始了专业且成体系的教育管理方面的学习，从此我踏上了不断向外求学，并带着我们学校老师不断外出取经的道路。

华东师范大学教育部中学校长培训中心党支部书记韦保宁：

吴洁在我们学校学习的两个月，我是她的班主任，她给我留下了非常深刻的印象，她对教育的热情让我很感动。

当时我们班有三个学员有自己很形象的外号，吴洁叫"好学"，另外两个校长叫"好问"和"好写"。吴洁是真的好学，她不仅会随时随手记下她的思考，还总喜欢跟同学和老师交流。每天早上一进入教室，她就和同学开始探讨，全是"学校怎么办、学生怎么教、教师怎么管"这一类教育问题，没听他们说过别的不相干的事情。

像吴洁这样好学、专注的一个人，基于对师生的关心、爱护和对教育的执着热爱，肯定会竭尽全力地去办学校。

我们其实还是很敬佩吴洁的。她对教育事业的热爱应该是得到吴仁宝老书记的真传。有一次，吴洁邀请我们班所有同学去华西村调研。我们正好碰到了老书记，就听到他亲口对吴洁说："你去大学第一是要好好学习；第二是要多交朋友；第三，这次来了全国各地40多名校长，一定要请大家吃个饭，我讲座的时候要请他们坐在最前面。"讲座结束后，老书记还特意叫吴洁把我们班这些同学带到另一个会议室，跟我们交谈，还拍了一些合影。他当时已经上了年纪，但是对学校的活动这么重视，对教育这么关注就让我很受触动。

我记得老书记有这样一句话：鼓了钱袋子，不忘小孩子。华西的幼儿园和实验学校都在显著的地方张贴这句话。18年前的华西村就能拿出1亿多元来建设一所学校，真是让人震惊的。华西村重视教育的传统来自老书记，传承到了吴洁这里，非常难得。

吴洁对学校付出了很多，基本上所有的时间都在学校，所有的精力都用在了师生身上，对于教师的培养和年轻教师队伍的建设也是毫不吝啬的，总是想尽办法主动出钱出力去办事情。

结束学习不久后，在吴洁的几番邀请下，我们学校就与华西实验学校有了一些深入的合作。当时几乎是无偿相助，我们关键是看到吴洁这个女同志对办学的热忱，我们是真心想帮助她，也希望通过这件事情对中国的农村教育事业尽一份力量。我就和上海几个学校的校长，以及一些老师每个月定期去华西实验学校一次，为期一年。

华西实验学校当时的生源比较一般，教师的专业能力不强、视野不够开阔。我们走进课堂看教师讲课、跟师生座谈，对所有的课程及教学、学校文化管理、教师队伍建设、制度建设等方面进行了全方位的了解。针对他们的教学问题、文化建设、校园管理等，我们提出了改革建议，并推动落地。我们也带着华西实验学校的老师去外地参加活动，包括推荐他们学校当时的校长到上海学习等。

我们中心的主任也一起去过华西实验学校，考察调研后他说了三句话：改变一所学校，首先要改变这个学校的精神面貌；改变一个教师，首先要改变这个教师的价值追求；改变一个学生，首先要改变这个学生的人生目标。

对此，吴洁先通过阅读作为改变教师价值追求的抓手，其次就是派大量的老师在假期时出去参观学习，以及到一些学校去跟岗交流。对于学生呢，吴洁是一点一滴去改变他们的学习和生活习惯。

经过一年的密切合作，我发现，学校教师的教育态度和教学水平有长进了，学生也有了自己的目标和动力。我记得刚去华西实验学校的时候，很多学生看见我们是视若无睹的，但是后来见到外面来的人会主动打招呼说"老师好"，或是腼腆地笑一下。师生的精神面貌真是发生了翻天覆地的变化，这才是一所学校应该有的样子。

有一年，我带队去江苏进行教育考察，中间我就特意安排了学员去华西实验学校，我们在学校调研了一整天。我们不仅在学校的饭堂里留言，还在学校里种了树，树下写着种树人的姓名。饭堂里的留言不知道还在不在，那些我们亲手种的小树现在应该都长大了吧。

华西实验学校有一条路叫丽娃路，跟我们华东师范大学有一定的关系。我们学校有一条河叫丽娃河。吴洁在我们学校学习的时候，大概是对这条河比较有感情吧，借用了"丽娃"这个名字。她这个人可能从小就被长辈呵护得比较好，她就把对生活的态度和对教育的认知，贯彻、融合在实践当中，所以她总是一门心思想把学校做好。

我记得华西实验学校当时有超过三分之一的生源都是外来务工人员的子女。这部分学生不是华西村村民的孩子，他们几乎都是要回到家乡所在地参加高考的。但是等到毕业时就会发现他们的精神面貌跟来时不一样，甚至带着这样的状态投入未来的学习和工作中，那大概就是华西精神的浸润和传承吧。

那段时间的学习是无比充实且快乐的，我每天都像打了鸡血一样兴奋。其中一个老师对我的影响尤其深远。这位老师是解放军艺术学院的教授，他给我们上课时都80岁了，满头白发。他在课堂上说："同样的一首歌，但是唱的风格不一样，对人的影响是完全不同的。比如可以唱成比较随意、颓废的'靡靡之音'，也可以唱出雄浑、豪迈的恢宏气势，两者给听众的体验肯定是不一样的。"

听了他的阐述，我突然有一种欣喜又欣慰的感觉，因为我其实很早就这样做了。我最初在幼儿园工作的时候就喜欢给孩子们播放欢快、可爱的音乐，他们就会随音乐蹦蹦跳跳，孩子的童真展现得淋漓尽致。

华西实验学校刚成立的时候，我还亲自做过相关实验。当播放轻松愉快的音乐时，学生们会跟着小声哼唱，脸上甚至会露出一丝丝微笑；当播放激情澎湃的歌曲时，孩子们不自觉就挺直了胸膛，走路也显得更板正有劲了；可是当播放节奏缓慢的音乐，尤其是略带悲伤的曲调时，他们的步伐也会放慢，眉头紧锁。后来，我精心挑选每天早上迎接孩子们入校的音乐，都是充满活力而欢快的乐曲。我只愿这些踏进校门来的青春少年都朝气蓬勃，乐观向上。

又如我们学校的小农场，最开始开辟出那一片田地是用来种山芋的，也让学生们尝试着以此来了解耕种和植物的有关知识，但不知为何就是很难推进。直到在华东师范大学听到教授们说这是有利于孩子成长的劳动教育，我返回学校才放开手脚、毫无顾忌地执行，让每个班都有试验田，让每个孩子都参与劳动，后来逐渐形成了我们学校颇具特色的劳动教育校本课程。

我以前虽然认为这些做法应该是好的，但是总不确定是否科学，也不明晰应该如何做才能长久持续。直到听了专家的阐述，我才有了理论支撑，才敢更大胆地去实践和推广。

虽然这次学习的时间不长，但是对我的影响确实非常深远。还有那些经常和我一起讨论的同学们，我从他们身上也学习了很多具有启发性的做法。

例如，我们十天的教学考察课程，去的是一所安徽的学校，学校校长是前几届校长班的学员。在考察时，他给我们展示了他与老师之间的沟通艺术。他们的沟通一般都是提前设置好某个主题的，是集中式的、正规的交流。而平时我自己跟老师们的交流都是碎片化的、临时的，我通常是突然想起某件事情就找相应的老师交代两句，不仅累，还很难达到目的。回到学校，我开始用主题会议的方式与相关同事进行交流，果然立竿见影。虽然我得额外花费时间去设想整个交流的环节，但能达到事半功倍的效果还是很值得的。这也提醒了我，虽然不能形式主义，但是有的形式还是必要的，给人以更正式和被重视的感觉。

又如，另一所学校的校长跟我说，他每星期都会跟不同的老师和员工一起吃工作餐。吃饭期间大家都很放松，会畅所欲言，他就容易发现一些问题，而且很有可能在吃饭的和谐氛围中就把问题解决了。这也触动到我了。从那以后，我经常以不同的名义和主题请不同的老师吃饭，尤其是开会导致下班的时间被拖延的时候，我基本会把他们留下来一起吃饭。而且我经常请他们到我们龙希国际大酒店去吃，每次都是我自己掏钱。十几年下来，这可是一笔不小的数目呢！这些金钱上的付出更有利于我们工作的开展和进行，也是值得的。

重庆珊瑚中学原校长尹厚霖：

我和吴洁是一起在华东师范大学教育部中学校长培训中心学习的同学。她一开始给我的感觉就是特别爱学习、特别谦虚。虽然她也是学教育的，但当时的她对中小学教育这一块还不是很熟悉，很难得的是她抓的点很准，就是教师队伍建设。

那时大家对华西村的了解仅限于知道那是"天下第一村"，村里企业办得很好，经济很发达。但吴洁是一直致力于教育事业的，她从村里的幼儿园到中学都进行管理。吴洁跟我们一起学习和交流后，她就特别着急，着急学校薄弱的师资。

我原来在重庆珊瑚中学任校长。在重庆，我们学校的课程改革做得还是很不错的。吴洁就对我们的课

堂教学改革、课程建设等方面很感兴趣。我们每年都
会有教育教学开放周活动，吴洁每年都派骨干老师来
学习，有时她自己也过来。直到2020年中断，这种
学习交流坚持了七八年。

2018年，我到了重庆第二外国语学校，她仍然
坚持过来。我印象最深刻的就是，吴洁对教师们的学
习抓得很紧。比如老师们白天上完课，晚上就该自由
活动了，他们难得来一趟，出去看看重庆的夜景都是
很正常的。但是吴洁会组织学校的老师们继续学习，
把白天学的内容再消化、总结和交流。

2012年，我们首次去华西实验学校。当时的学
校还很新，但是感觉老师们自信心不足，显得稍微有
点胆怯。但是到2017年底，我再去华西村，发现学
校师生的精神面貌和整个学校的人文理念都发生了非
常大的变化。

我认为吴洁对教育事业很执着，也很纯粹——一
心只想着培养村里的孩子，把村里的教育搞好。她不
图什么功名，不仅从中得不到利益、好处，还经常自
已掏腰包垫补各种经费。

我和他们学校的一些老师交流，少数老师一开始
也不理解她为什么"要搞得这么累，这么麻烦"。对
此，吴洁就因势利导，分类要求。对于愿意学习的老

师就先给机会，多给机会；对于暂时不愿意学习的老师也不勉强，另外想办法。吴洁就是这样不怕"麻烦"和"劳累"，带出了一支合格的教师队伍，带动了老师们业务能力、专业水平的提升，也将他们要学习、要提高和敬业的精神给激发出来了。

从对教育事业的执着和纯粹来看，我就很愿意真心跟她交朋友。我们平时交流很多。我去华西村也能感觉到，吴洁这种个性是深受她爷爷吴仁宝影响的。老书记让她分管教育，她就一心办教育，心无杂念。

虽然起步于农村学校，师资薄弱，但这十几年来看，他们取得的进步很大，成绩很多，办学质量也明显提升。吴洁调离学校岗位是一件很遗憾的事情。"十年树木，百年树人"，教育有其自身的发展规律，任何一所学校的发展和改变都需要一个渐进的、漫长的过程，需要有持续性。

常州市溧阳市后六初级中学原校长胡建军：

2012年初，我去华东师范大学教育部中学校长培训中心讲课。课后，吴洁就来找我交流，说他们华西实验学校跟我们后六中学之前的情况很像，他们也遇到了很多问题……当时她就给我留下了深刻的印象：活泼大气，真诚坦率，思维敏捷，睿智而有鲜明个性的"教育狂人"。

我们后六中学位于溧阳市郊，是城乡接合部，原来的师资和生源各方面的基础都很薄弱。2004年，学校只有13个班级，400多名学生，38位教职工；但从2005年到2009年，从教育管理到教学质量均跃居全省前列，越来越多的人称我们为"后六奇迹"。

其实，当时的华西实验学校硬件非常好，只是学校是由四校合并而成的，管理错综复杂；教师队伍良莠不齐，优秀教师扎不下根；生源基础薄弱，外来务工人员子弟较多，教育教学质量徘徊不前。华西教育与"天下第一村"的称号不相匹配，有似灯下黑的一种尴尬和左右两难。

我去华西村，吴洁特意带我到老厂房区去看，有不少外来人员住在那边。她就跟我说："这些都是华西的新村民，我们不能亏待他们，有部分虽然是流动人口，但也是愿意扎根华西的，在我的心里，他们就是华西人。"吴洁对普通华西村民尤其是他们子女的责任感，以及她对教育的纯粹和执着很打动我。吴洁认为"后六奇迹"值得华西实验学校借鉴学习，我也愿意跟她一起探讨教育相关问题，甚至可以帮一帮她。

我们分析，华西实验学校当时最大的问题就是教师队伍建设。我们学校可以从学科教研的方向支持他们。从2013年开始，吴洁就让他们学校的领导和老师到我们学校参观、交流。我们制定好方案和计划，大概持续了三四年。他们每年都安排一批批老师和校领导到我们学校跟岗、挂职。我们也阶段性地去他们学校，每次去一周左右，类似诊断式的交流。针对学校的问题，我们坦诚相对，商量不足的地方如何改，好的地方如何发扬。我也介绍过我们溧阳这边其他中小学的校长过去跟他们交流，大家相互取长补短。这几年下来，我认为华西教师的精神状态变化还是挺大的，他们的责任心也更强了。

我是教政治出身的，对吴仁宝老书记非常认可，我听过他的两场报告，有关他的书我也是反复研读的。比如他说的"家有黄金数吨，一天也只能吃三顿；豪华房子独占鳌头，一人也只占一个床位"就非常接地气，但是很有道理。吴仁宝精神特别值得我们学习，无论管理一个村子，还是发展经济，甚至搞教育事业，他的精神都是行得通的。我认为这是华西村宝贵的精神财富。

吴洁心中一直怀揣教育的三个梦想：一是一切为了华西学生，要让华西实验学校成为学生梦开始的地方；二是全心全意依靠华西教师，让华西实验学校成为教师梦扩展的地方；三是办成华西百姓满意的教育，让华西实验学校成为办学梦延伸的地方。

二十多年来，吴洁不忘初心，带着华西教育团队砥砺前行。正如她自己所说，她"就是乡村教育的寻道者"。华西教育能走到今天确实非常不容易，2022年，华西实验学校还获得江苏省教学成果奖二等奖。作为一所农村学校，在全方位的教育评比中能获此奖，这是对他们付出和成果的认可。

我经常请老师们吃饭还有一个目的。以前我们有部分学生家长会以各种名义请老师吃饭，这个我是坚决反对的，尤其是没有什么名头的"谢师宴"，更不能去。除非学生们考上了理想的大学，他们发自内心对老师们感恩，否则，吃多了家长的饭，肯定是要出问题的。我经常对老师们说："不要到学生那里吃饭，你们想吃什么，我请你们吃。"老师们收入有限，我希望通过我个人的付出让他们在开阔视野的同时，更能经受得住一些眼前的物质诱惑。

在华东师范大学的学习使我受益匪浅，让我对教育和管理更加求知若渴了，更重要的是我确实交到了一些良师益友。良师的指点让我胜读十年书，有的老师后来也成了时常帮助和指导我的朋友；跟同学的友情有的持续到了现在，我们经常交流工作中的得失。

　　正因如此，我更珍惜每一次学习机会，不浪费一分钟，认真倾听，做好笔记，踊跃提问，积极讨论……真正是比当年做学生时努力太多了。因为肩上的责任、爷爷的嘱咐总是在无形地鞭策我、提醒我——华西的教育就是华西的未来。我不能辜负了爷爷的信任和期待，我也真心想为乡村振兴做点事情。我还希望大家说起华西教育的时候能想到吴洁这个人还是认真做了点实事的，这样我也就无憾了。

结缘云南石登中学

　　或许扎根农村教育久了，我深刻感受到城乡教育的差异，更关注教育公平。我所在意的教育公平，就是农村的孩子也要与城市的孩子一样，能接受到艺术的熏陶、能听到名师讲课、能享受到先进的教学设备，拥有同样精彩的人生。这个想法不仅与后来习近平总书记提到的"让每个学生都享有人生出彩的机会"相契合，也与2024年风靡的"美育浸润"教育理念不谋而合。

　　与云南石登中学的缘分则是我在华西村之外践行教育公平的一个美好设想和初步行动。

　　那是2016年，我在北京参加国家教育行政学院组织的全国基础教育改革动态研修班，与石登中学的熊云山校长是同学。之前我们一直没有接触，直到一堂分组讨论课。

当时全班有 100 多名同学，讨论问题的时候就分成了四个小组，我俩分在同一组。当每个人都就讨论的话题各抒己见时，只有熊云山校长用了大量时间谈他们学校的情况。他说起当时的云南怒江还在脱贫攻坚，很多地方不通公路，兰坪县的教育还很落后；他说石登中学有的学生走几十公里的山路来上学，还有的学生家庭极度贫困甚至吃不饱饭；他说学校将近 1300 名学生才配备了 50 多位老师，这些老师中有相当一部分不仅年纪大，而且生着病……

他说的一切让我惊觉不可思议。虽然我从小在农村长大，也了解过一些其他乡村学校的情况，但当亲耳听到一名中年男校长语气平缓又略带哽咽的声调说起贫困山区中学的各种细节时，我脑子里嗡嗡作响。他说得很动情，我边听边做笔记，心里好像一直被什么东西堵着，有点憋闷又汹涌澎湃。我难以相信，现在怎么还有这么贫穷的地方，还有为了学习那么拼命的学生，以及那些还在默默付出、坚守阵地的老师们。

2018 年，华西村已经实现全村营业收入近 500 亿元。作为"天下第一村"，华西村创造了多项"第一"。我们的孩子坐在窗明几净、拥有现代化教育设备的教室里，他们不愁吃穿；我们的年轻人在工厂上班，享受着集体经济带来的好处，不用为买房、买车发愁；我们的老年人安享晚年，健康长寿，没有后顾之忧。而在三千公里外的云南省怒江傈僳族自治州石登乡，那里的人过着与我们完全不一样的生活。

　　我们华西村也是从昔日人人穷得没饭吃，到今天家家住别墅、户户有汽车、人均存款超百万元的。我想起爷爷曾经说："我是穷过来的，看到有人穷我就心疼，最大的心愿就是让穷人过好日子，这是我的原动力。无论任何时候，我都坚信一点，共产党是要为大多数人民谋幸福的。什么是社会主义？人民幸福就是社会主义。"正是凭着这个信念，才有了今天的"天下第一村"。我们华西有个"土标准"：社会主义不是空洞的口号，而是实实在在可触可及的，是让人民真正幸福。在爷爷的推动下，华西村不仅带动了周边十多个村庄共同致富，还帮助宁夏、黑龙江分别建成了"省外华西村"，为全国培训了数十万计的农村基层干部。爷爷那句"一人富了不算富，全村富了才算富；一村富了不算富，全国富了才算富"，一直在我耳边萦绕。

　　想到这里，我心里的堵就疏通了，我得做点什么。我也心疼那些跋山涉水去上学的孩子，心疼那些带病上课的乡村老师们。但是，我能做什么呢？实验学校的钱和村里的钱我都不能动用，我只能自己想办法，自己掏腰包。就像请我们学校的老师吃饭、带他们外出参观学习那样，我只能靠自己了。讨论课一结束，我就找到了熊校长，跟他说了我的想法。

　　随后，我先给石登中学捐了一批音乐和美术的教学设备，我希望贫困地区的孩子也能享受到音乐和画画带来的快乐，受到艺术的熏陶。当我听到熊校长提起有的孩子家里经济条件太差，温饱都成问题，我当即给他微信转了几万元，希望他把钱奖励给品学兼优、有上进心的学生。熊校长收到钱后就立马筹划具体的奖励项目。我们用这笔钱成立了"继志奖学金"，我希望石登中学的师生能继承革命先烈和吴仁宝老书记的遗志。"继志奖学金"专款专用，专门奖励德才兼备的教师和品学兼优的学生。

这些年，我和熊校长也经常沟通，我们会就一些教师队伍建设、学校管理等问题进行交流，我总能从他的只言片语中感受到和我一样的对乡村教育的热忱和情怀。我每年也会给他转一些钱，每次几万元，数目不大，对于师生来说可能只是杯水车薪。我知道仅凭自己一个人还是力量微薄，也曾发动过全校师生为石登中学捐款，但收效甚微，只好作罢。我们的乡村教育要振兴确实还有一段路要走，尤其是真正有较大困难的少数民族边远地区。

想到这些虽然有些感伤，但是熊校长那边总能传来一些好消息。比如得到奖励的学生有了更大进步，有的学生因此奋发图强，还有的获奖学生考上了重点高中，甚至考入心仪的大学……孩子们还给我写了很多信，每一封我都珍藏到现在。稚嫩的笔迹里有他们对学校的描写，也有他们对未来的畅想，更多的是获得"继志奖学金"后受到激励的心情记录。读着他们的来信，我万分感动，孩子们不仅拥有一颗感恩的心，还有拼搏的劲头，更树立了要追求美好生活的信念。

回顾这些点滴，我想起了习近平总书记在庆祝中国共产党成立 100 周年大会上提出的"中国式现代化"的重要论断。中国式现代化是人口规模巨大的现代化，是全体人民共同富裕的现代化，是物质文明和精神文明相协调的现代化，是人与自然和谐共生的现代化，是走和平发展道路的现代化。毫无疑问，吴仁宝老书记是实践中国式现代化的先行者，我作为他的孙女，也应该责无旁贷沿着他的足迹走下去。至少在乡村教育的实践中，我一直在孜孜不倦追求教育的中国式现代化。无论历经多少磨难，我也从不后悔。

云南省怒江傈僳族自治州兰坪白族普米族自治县石登中学原校长熊云山：

当我在国家教育行政学院校长培训班谈到我们学校的窘迫情况时，有的校长很不耐烦，也有的校长给出了一些有用的口头建议，只有吴洁书记不仅很认真听我说，还时不时写下笔记。从她的神情中，我发现她应该是在关注这件事情的。

后来，吴书记推荐我作为小组代表去发言。我们小组也都同意了。我的发言，一个是表示感恩，感谢相关机构给予我这样一个宝贵的学习机会；另一个又详细介绍了我们当地和学校的情况，希望获得更多关注和资助。

　　吴书记当时就跟我说，她愿意为我们学校和师生提供一些帮助，而且是她自己出钱，用个人的力量来支援我们。

　　吴书记说到做到。我回到学校不久，就收到了她给我们寄来的一些音乐课、美术课的设备器材和教材。她希望我们山区的孩子不仅是从书本上学到知识，还要享受艺术的熏陶，做到五育并举、全面发展。

　　我们少数民族贫困地区的学生，虽然能享受"两免一补"的优惠政策，但还是远远不够的。石登中学是在离兰坪县城100多公里的乡里，从学校到乡镇要坐四个多小时车，很多学生长途跋涉到学校，还有的学生家庭贫困吃不饱饭。吴书记了解这个情况后，又给我们学校捐钱，每次都给我打几万块钱，还时不时寄来书本和适合学生穿的衣物。这些年，仅她个人对我们学校捐赠的财物就已超过20万元。

　　我把吴书记捐的钱只用来奖励学业优异和有进步的学生，以及有突出贡献的老师。吴书记把这部分钱命名为"继志奖学金"。我认为"继志"包含两层意思：一是怀着感恩之心，努力学习，将来长大成才后像吴洁书记一样去帮助需要帮助的人，把爱心传递下去；二是传承优秀学长学姐的志存高远、吃苦耐劳、永不言弃的优良传统。我希望他们用知识改变命运，用学习成就未来，为建设家乡、发展家乡筑梦、追梦、圆梦！

我把这笔宝贵的奖学金精打细算，设置了很多奖项，希望惠及更多的师生。奖学金按成绩设置了全科奖和单科奖，全科奖分为特等奖、一等奖、二等奖、三等奖，单科奖包括满分奖和班级第一名奖。另外，每个班还设置五名进步奖，奖励学习进步最大的那五名学生。虽然每个奖项的奖金也只有几十元不等，但是荣誉的获得对学生是莫大的鼓励，而这几十块钱，对我们山区的孩子而言也是一笔很及时且能实际帮上忙的补贴。记得有一名学生入学时成绩排 397 名，因为一次考试获得了"继志奖学金"最佳进步奖后，他立马像变了一个人，发奋图强、奋起直追，后来也考上了一所不错的大学。对于老师，吴洁书记希望奖励那些德才兼备、乐于奉献的人。老师们当着学生的面上台领奖，他们也感觉到相当自豪且光荣。那个时候的心情，与奖励金额无关。

在吴书记那几年的激励下，学校、教师和学生都得到了一定程度的发展：学校在小升初成绩全县末位的情况下，每年中考成绩名列全县、全州前茅；四个教师被评为省级优秀教师，三个教师获得中小学正高级职称；许许多多毕业生走向了工作岗位，让背后的一个个家庭脱贫，真正突显了教育阻断贫困代际传递的功能！

在我们这样的贫困地区，对于大部分学生而言，只有知识才能改变命运，他们必须努力学习。我作为校长，就是想尽一切办法，让老师和学生对生活、对工作、对学习充满信心，充满希望。而吴洁书记的善举，也让我看到了更多希望。她对乡村教育怀揣真挚的情怀，对贫困彰显出大爱，对弱势群体充满正义感。我想，她这些优良的品质肯定也是源于吴仁宝老书记的言传身教，以及他们家族的优良家风。

我在工作中也不敢懈怠，希望培养出更多优秀的学生来回报社会，回报关心和帮助过我们的每一个人。

石登中学师生来信选登

尊敬的吴书记：

展信万事可乐！

本应该经常给您写写信，但由于工作繁忙，这个想法一直没有实现。今天，我把孩子们给您写的信寄给您，顺便和您聊聊。

您是我生命中的贵人，我刚担任校长，面临种种困难时，在北京培训很幸运地认识了您，从那以后一直有您的指引和帮助，无论在精神上还是在物质上都有您无微不至的帮助，您超过了朋友、亲人，是真正的贵人。您的教育理想、教育情怀一直影响着我，特别是您那热爱家乡、建设家乡、回报家乡的精神一直鞭策着我，让我二十二年如一日坚守在家乡的教育战线上，感谢一路有您！

您是我校发展中的恩人。虽然我校办学存在许多困难，生源基础很差，每年都是倒数一二名，在校学生全县最多，师资严重不足，但是在您的关心帮助下，通过我们的共同努力，四年来，中考成绩一直保持全县第二名，学校的软件、硬件建设不断完善，我校已经被打造成一所有自己办学特色的农村初级中学。这些荣誉和成绩，离不开您的关心和支持！感恩一路有您！

今年我校的第二届文体节定在 12 月 28 日至 1 月 1 日举行，其间有师生的体育比赛及元旦文艺晚会。我特邀您前来参加，希望您带着您的家人及班子队伍，让我们欢聚在石登中学，我们期待你们的到来！

最后，祝福您及您的家人身体健康、生活愉快、工作顺利！祝福华西实验学校越办越好！

云南省怒江州兰坪县石登中学校长　熊云山

2020 年 12 月 28 日

敬爱的吴书记：

　　您好！我是来自石登中学七年级的一名学生。我很荣幸在上次期中考试中获得了您资助我校的"继志奖学金"！"继志"：传承志气。这是您对我们的厚重期望，您放心！在石登中学的学生都一定不会辜负您的期望。

　　我们素未谋面，在不同的地方，过着不同的生活，却能相识、相知。或许您并不认识我，但我的心中，已经烙上了您的影子。我们的石登中学，可以说是学生非常多的一所学校。然而就是因为学生多，我们的老师也常常一个人带两三个班，可以说是师资非常紧缺。

　　但对于我们学校的老师，您不用有任何的怀疑。我们的老师都非常勤劳、负责，对我们的照顾也总是无微不至。我们学生每天要上课到很晚，老师们从来不缺课，每天跟我们同睡同起。还有很多值周老师，他们睡得比我们还晚呢。

　　我们校园环境非常美丽，在四季都有绿树，空气清新怡人。而且，球场、操场上都铺了塑胶，踩上去软绵绵的。校园里有很多漂亮的花坛，在教室前还有很多树，花坛里种着很多的菊花和三叶草，四季都郁郁葱葱的。学校中间还有一座孔子像。

　　我们学校的学习氛围也非常好，每天早晨才 6:30 时就已经书声琅琅。校园的楼道中，教室里到处都有励志学习的名人名言，书香浓浓。学校里还设有图书馆，以增加我们的阅读量，增长我们的见识。每天上午我们都有课间操，还跳民族舞。

学校的课程安排得很好，每天除了主科三门、副科四门外，还设有音乐、美术、绘画、体育等学科，课程内容丰富有趣。

我的家在小格拉村委大格拉村。我父母离异了，我还有一个哥哥在石登中学上九年级。我虽然生活在农村，但我也有自己的理想和目标。生活在大山里的孩子，最大的目标就是走出大山，能到外面的世界看看！但对我来说，我的梦想已经远远胜过了这些。我要上大学，我要有知识有文化，我要走出大山！我要能为国家和人民贡献自己的力量！我要能在父母晚年时让他们安度晚年，不让他们那时候还为生计四处奔波、操劳。

但这些只是我的一面之词，我或许做不到为国家和人民做出什么贡献，也有可能辍学，但是我一定会努力！不管结局怎样，只要我努力过，自然也不会有什么遗憾了！

时间如流水，细水长流！望我能实现自己的梦想，不忘记今天的誓言。

祝您生活美好如意，身体健康强壮，事业节节高升。

石登中学的一名学生 和宏英

2020 年 11 月 25 日

敬爱的吴书记：

　　您好！

　　我是来自石登中学的一名学生，首先我很感激您资助我们学校的"继志奖学金"，使很多较为贫困的学生更加热爱学习，让很多同学尝到了努力学习的一点甜头。我们石登中学处在偏远的山区，交通不怎么发达，几个村的适龄学生在一起念书，学生人数近2000人，活动的场地很小。而且我们学校的教师资源是比较短缺的，这使得老师们的教学更加辛苦，但我们的老师非常优秀，他们克服了一个个困难。

　　其次，我要感谢你们这些爱心人士对我们学校的不断帮助，使我们的石登中学越来越美丽。我们的石登中学推掉了原来老旧的危房宿舍，盖起了又高又亮又宽的新宿舍，校园里可活动的地方也都铺上了塑胶，校园里的绿植越来越多，一年四季都能看到美丽的花儿。教室外也装上了热水器，同学们可以随时喝到热乎乎的水……石登中学有这样巨大的变化都离不开像您这样的爱心人士的帮助，我在此衷心感谢你们。

　　最后我要说谢谢您，如果不是您的"继志奖学金"，我可能还会担忧我的生活费问题该如何去解决。我们家的人口比较多，在校生就有三个，姐姐因成绩优异所以在大理一中就学，妹妹与我同在石登中学就读。爸爸的工资很低，一个月的工资大半用在姐姐身上，一小半用于家中的日常开销，每月仅能存到100到200元。妈妈每天在工地里干上十多个小时才能赚到

100 元左右，妈妈赚的钱一半用来还修房子时欠下的（债务），一半攒着给我们三姊妹上学用。平日里妈妈很是强壮，可夜晚时妈妈总会一人捶背揉肩。学校实行封闭式管理，学生每两个星期回一趟家，在学校难免有诸多不便，所以妈妈每月给我们 30 元的生活费，每次伸手拿钱时脸总是一阵羞红，明明家中这样还如此乱花钱。可是有了"继志奖学金"后，我和妹妹可以为家中省一大笔钱，这让我很是自豪，因为我用成绩换来的奖学金可以减轻家中的负担。

　　感谢敬爱又亲爱的吴书记给了我这个自豪的机会，让我也为家尽一份力，感谢您！

　　祝敬爱的吴书记身体健康，万事如意！

杨海言

2020 年 11 月 23 日

深化改革见成效

　　2024 年 7 月，中国共产党第二十届中央委员会第三次全体会议在北京举行。党的二十届三中全会是新的历史起点上进一步全面深化改革、推进中国式现代化的总动员、总部署。我在深入学习全会精神，并多次向相关专家请教后发现，学校刚成立的那些年，我推行的新制度、新变革正是对四校合并进行的深化改革，尤其是我牵头推进并深度参与其中的课程改革与当前提倡的深化改革精神是完全契合的。

　　"不破不立，大破大立，晓喻新生"，不打破旧有的规则，就无法创建新的规则；只有打破旧有的规则，才能创建新的规则，才能获得新生。四校合并本来就是一个大破大立的举动，要想让我们的整体教学能力得到提升，要想让教师们协同一心，就必须有勇气打破旧有的规则，才能创建新的成功规则。我深晓其义，四校合并之初就开始了一系列改革活动。

八人课改先锋队

这里不得不重点提到课改小组的成立。最初是我在听教师讲课的过程中发现了一些突出的问题，比如，小动作多、爱说话的学生往往被老师安排坐在教室的最后面，即使他们上课影响了教学秩序，有的老师也置之不理，貌似把他们当成了空气；还有的老师讲课就是"一言堂""满堂灌"，一节课下来，全是老师一个人在上面讲，学生成了"哑巴"，师生之间完全没有互动和交流。这些问题不是在一个班或少数几个班里存在，听完全校大部分班级的课后，我意识到这个现象的普遍性和不合理。那该怎么办呢？老师们有自己的理由，有的说这些"差生"的家长都不管也不重视他们，在说教无效后只得任其发展了；有的说上课时间太紧，要讲的内容太多，根本抽不出时间和学生互动，能讲完课就不错了……作为学校领导，我不能坐视不管啊！

改革，必须改革！

为了践行当时新课程改革"以学习者为中心"的理念，让课堂成为师生感悟生命真谛的驿站，我和校领导们商量过后决定成立课改小组，选出七位平时比较负责任又能积极落实工作的老师来组建。从 2020 年 12 月 2 日开始，我亲自带领老师们组成"课堂改革先行者"八人组，尝试摸索着行走在课改的阳光大道上。

我们以《教师的挑战：宁静的课堂革命》一书为行动的理论指南。这本书是日本当代著名教育家佐藤学教授走访了上百个国家、聆听了上万节课、指导了日本上千所学校的教育改革后，对当时的课堂教学进行了相关思考后完成的一本著作。在书中，佐藤学教授阐明了一个非常重要的观点：课堂上正在发生"宁静的革命"，老师在课堂中应该与学生一起努力构建一种以相互倾听和对话为基础的学习共同体。这也是我当时比较认可的课堂模式。既然要想建立起师生相互倾听的课堂关系，老师首先要做的是进行课堂教学改革，改变原有的"满堂灌"和"填鸭"模式，教案设计中不仅要有倾听学生发言的部分还要有一定的互动性。

基于此，我们的改革站位是以儿童立场为准则，一切站在儿童的元认知基础上，开展课堂教学，实现引导儿童心智发展的目标。每个孩子的内心都有一个广阔的宇宙，但是教书育人的我们却因为各种原因，往往不能很好地理解孩子的宇宙，对孩子的行为漠不关心，结果因为误解了孩子，或者使用了错误的指导方式，而给孩子带去巨大的伤害，甚至发生更令人遗憾的事情。

记得陶行知先生给教师提过这样一个建议，我们必须学会变成小孩子，才配做小孩子的先生。他这句话所强调的教育理念及实践意义，正是我们江苏籍的知名教育家成尚荣在《儿童立场》中所阐述的观点。这样的观点同样适用于我们华西实验学校的课堂，我们要尽快挽救那些被"耽误"的孩子，我们首先要成为他们！

我带着老师们通过读书研讨、课堂实践、推门听课、相互交流、分享反思教学片段等多种形式，让他们在自己的教室里多维度地进行一场静悄悄的革命。课改小组的老师来自不同学科、不同学段，包括小学数学、小学语文、初中语文、初中数学、初中物理、音乐、历史等。大家相互走进不同学科的课堂，聆听同伴在课堂中践行"倾听、串联、反刍、尊重"的课改理念，不再单纯地固守自己的学科、自己的课堂。大家通过听不同学科、不同学段的课，逐渐构建起大教育观，逐渐认识、理解并最终遵循"儿童立场"的教学规律。

我们八人还建了一个微信群，大家每天早晨都在里面公布自己当天上课的时间、地点，各自能相互推门听课。随后每四个人组成一个小组每天进行交流，到周末则进行大组交流。

老师们觉得自己学习不够尽兴，对有些问题百思不得其解。我又四处请来名师、大学教授、教育专家来到学校，让他们随堂听课，为老师们开讲座，手把手教授经验和方法。比如，江苏省教研室原中学语文教研员朱芒芒针对我们课改讲授了"课堂教学的基石"一课，无锡市教师发展学院原培训部主任陆敏刚做了以"教师成长路上的关键词"为主题的精彩讲座，江南大学人文学院教授、博导田良臣也对教师们进行了深入的理论指导……这些专家为我们的课改提供了有力的理论支撑，为教师们的专业成长之路指明了方向。

"学而不思则罔，思而不学则殆"，课改实践路上不能缺少反思。课改的第一个月，我给老师们布置了相应的"作业"，例如，每周要写体现个人思考的教学片段，听了讲座要写理论联系实际的感悟。通过写"作业"的方式，老师们能把所学、所闻、所思、所感表达出来。

课改实行一个月之后，这七名教师果然不负众望，他们每天都朝气蓬勃，专心备课、热烈讨论，每个人都发生了比较明显的变化。

龚丽娜老师受课改小组的启发，在班里开始尝试组建班级学习小组，她让学生自由组合，四五人为一个组。她认为，学习小组的成立不仅可以促进同伴之间的学习，还可以帮助学生特别是边缘化的学生获得更强的认同感，建立起学习自信。经过一段时间的相互学习，在那个学期的期末检测中，龚老师班里的优秀学生人数明显增加了。龚老师认为课改不仅给她在教学上带来了意想不到的帮助，对她自己的学习习惯也有所增益。她在"作业"中写道："现在听到了好课也会自觉整理成文字，会不自觉地把有感触的点记录下来，这一切都在见证着自己的成长，现实点说，也是一种资料的收集。"她还感叹：

"曾经独自努力，现在找到了同伴，看着比自己厉害的老师都那么努力，自己有什么理由不奋斗呢?"

龚老师的感慨让我无比振奋。老师之间也产生了相互影响和促进的现象，这正是我希望的，但愿我们的课改小组也能辐射到全校老师，让大家都感受到同伴的鼓励和刺激，达到共同进步的目的。

严凤老师认为："从课改小组成立的那一天起，我们就注定是一群分不开的华西教育人，我们是志同道合的乡村守望者，我们有义务把弘扬吴仁宝精神和落实立德树人相结合，有义务去用吴仁宝精神培育时代新人，有义务让吴仁宝精神在学生中发扬光大。"严老师通过在课改中听不同学科、不同学段的课，更理解了"儿童立场"，她的学生也悄悄地有了改变。"他们变得愿意站起来回答问题了，愿意提出自己的疑惑了，愿意大胆地说'我还没听懂'，愿意微笑地与我对话。我收获到更多学生对我的喜欢、对语文的喜爱。"

这是多么美好的愿景照进了严老师的课堂，成为现实。如果我们全校的课堂都能在相互倾听中有更多的交流和共鸣，那我们的课改就能真正惠及到每一位师生。

薛丽雅老师的课堂一直比较沉寂。她以前以为学生只要肯下功夫就会取得好成绩，所以她作为老师只要在课上把知识点讲解清楚就行了。但是课改第一周，她就改变了自己原来的想法，并否定了那种"在强输硬灌下学习"的思路。有了正确的认知后，不甘落后的薛老师开始尊重"儿童立场"，把儿童当主体，蹲下身子，用儿童的眼睛去审视世界，用儿童的耳朵去聆听心声，用儿童的心智去思考问题；也开始在增强师生互动中，进行知识的有效串联；还借鉴了其他老师的方法，用心设计有效的教学活动……课改活动让薛老师意识到，"人都有惰性，课改小组的活动让我深切感觉人不能太安逸，需要逼一逼，终会遇见更好的自己"。

我打心底里为薛老师的变化感到欣慰和开心。她能在反思中找到问题和解决问题的方向，多么难能可贵！

一个月的课改也让徐佳蕾老师有了更多反思。她认为，从儿童出发，站在孩子们的角度审视教学、研究教学，才是真正在做教育。徐老师在她的音乐课堂上逐渐践行从"关注群体"走向"关注个体"、从"尊重儿童"走向"领悟儿童"、从"引领发展"走向"推动发展"，并深信只有"用儿童的眼光看世界"，才能看到儿童眼中的世界，才能走进儿童心中的世界。

音乐课堂一直是我比较看重的课改阵地，在那里，孩子们不仅没有文化课程的压力，还能通过大声歌唱释放压力，唱好了还能产生自信。自尊、自信对于我们农村学校的孩子尤为重要。我多么希望我们所有的音乐课都能成为孩子的乐园和艺术萌芽的殿堂。

刘风光老师对课改过程颇有感触，她说："我们读专业的书，做专业的事。听课、评课、写课都是基于专业的成长与发展。课改小组，从不同维度促进我们的成长。"在散文阅读的教学中，她以题目为突破口，引导学生挖掘其中潜藏的矛盾与悬念，以此激发思维碰撞，进而带领学生深入探索文本的深层意蕴。刘老师通过课改更清醒地意识到，"教学，乃至教育的本原，就是从学生出发。阅读教学的价值不是仅靠教学方法、教学手段就可以实现的。怎么教固然重要，但是教什么则更重要"。

华西实验学校刘风光：

回顾课改小组的研讨活动，我内心充盈着感动。这些年与其说是研讨，不如说是吴洁书记陪伴、参与、守望我们的成长。

陪伴

这么多年，书记一直陪伴着我们。从建校的那天起，学校的兴衰荣辱就与她血脉相连。她为教师、学生的成长而欢欣，为教师、学生的发展而奔波。有时，我们愚钝，不理解、跟不上书记的脚步与思维。她虽然嗔怪，但始终不离不弃。

很多时候，她陪着我们一起听专家的讲座，像个学长一样时不时地给我们一些点拨。她尤其喜欢听老师讲案例，在听的过程中，她帮助我们发现问题、指点迷津、指明方向。一位老师谈自己困惑的时候，她就敏锐地发现了症结所在，并及时追问，引发更多人对这一问题的关注与思考。即使思考错了，她也不责备，而是陪着大家，一点点地分析、一点点地领悟。

这样的陪伴，诠释了教育的真谛。

参与

这些年，书记总是创造各种各样的研讨机会，并参与教师的研讨交流。在参与过程中，她一针见血地指出我们的问题，让我们警醒、修正。她总会通过具体案例告诉我们：对不同的人用不同的方法。她旨在让我们明白，学生管理、教师管理存在很多相通之处，要做一个有心人，要用心做事。

书记参与的不仅是教师座谈，校园的清晨也经常有她匆忙的身影。她关注学生的晨读状态，关注学生的上课状态，参与教学管理的提升工作。她的每一条意见都是在参与中的发现，她的每一项建议都是参与中的启迪。

书记常说，有梦想就有力量。为了"最美乡村学校"的梦想，我们必须有力量。

守望

书记说，教育就是唤醒。她通过一次次的座谈、一次次的交流，唤醒沉睡的教育人。

一次座谈会上，她问：学科间到底是"隔行如隔山"，还是"浑然相通"？她没有马上给我们答案，而是不断地启发、不断地追问，让我们学会从不同的角度看待问题。所谓"隔行如隔山"，只是针对具体的专业知识而言，而学科教育背后的精神、学科之道是浑然相通的。

书记就这样守望着。她殷切地期待着，期待我们能跳出固有观念的束缚，不要局限于教育教学的方法，而是要从宏观角度展望，注重遵循教育的规律、教育之道。只有这样，我们的教育才会焕发蓬勃的生命力，我们教师才能收获长远的教育幸福。

追根究底，吴洁书记是一个有情怀、有梦想而又特别纯粹的人。她付出的一切都是为了乡村教育。建设最美乡村学校是我们纯粹又专一的目标。在这个课改团队，我们的一切努力都围绕这一目标，我们都要为这一目标而努力奋斗。纵是"路曼曼其修远兮"，我们也不气馁，努力成为纯粹的永远的华西人。

老师们的改变让我感到欣喜。更让我感到骄傲的是，参加课改的老师中有多位后来获得了江苏省"行知杯"论文评选一等奖，而且这些老师在不久后陆续承担了更重要的教学任务，也都升至学校的中层甚至高层管理岗位。

何其欣慰啊！

推行普通话阻力大

另外，推行普通话也是我大胆改革、创立新规则的一环。大概由于我在上海学习了几年，已经习惯了讲普通话。回到村里后，最初在接待站工作，面对着全国各地的游客，是必须要用普通话交流的。尽管平时和家人及村里人会说家乡话，但是要面对公众发言的时候，我是一定讲普通话的。可我们村里大部分人不这么认为，尤其有一些村干部，无论什么场合都说家乡话。我们华西当地方言不像山东、河南，甚至四川、云南、贵州等地的方言那么好懂，外地人基本是听不懂的。还记得有一次我从学校刚回到家，还习惯于讲普通话，但是一位长辈却跟我说："不要来跟我说普通话。"此语一出，我尴尬又诧异。说这话的长辈还是一名村干部，他都这样震慑我，推行普通话的阻力可能超过了我的预料。

让我没想到的是，在 2007 年的学校里，有的校领导开会居然都是说方言，更不用说同事之间的交流了。我们的老师大多是当地人或者周边地区的，他们习惯用方言交流，甚至在课堂上也用方言授课。与此同时，那些说普通话的外地教师却被边缘化了。于是，我先从学校入手，学校是最应该普及普通话的地方。我在学校以身作则说好普通话，即使校领导和我说方言，我也用普通话来回应他们。同时，我倡导老师们必须用普通话上课，学生在学校也得用普通话交流。对学生做这样的要求，我是希望他们把讲普通话的习惯带回家，至少让家长意识到说普通话的重要性和趋势，如果能带动家长说普通话则更好不过了。此外，在村里的各个场合，无论是公开发言还是小组讨论，我都尽量说普通话，让村干部们先听惯这种交流方式，再慢慢接受。

随着时间的推移，学校里说方言的越来越少，村里面说普通话的越来越多，长辈们和村干部们在公开场合都说普通话了。包括之前批评我的那位长辈，他现在也经常说普通话。虽然他的普通话带有比较重的地方口音，但至少让听不懂方言的外来人员感受到了东道主的诚意和温暖。这期间最让我欣喜和意外的是，80多岁的老书记也在努力学习普通话，他已经能将"我们华西"这四个字的普通话说得很顺口了。像他这样年纪的老人还刻意去改变说话习惯，是真不容易的。这样的改变看起来好像顺其自然，但也是需要一个个人来推动，才能在长期的潜移默化中得以实现。

正如党的二十届三中全会审议通过的《中共中央关于进一步全面深化改革、推进中国式现代化的决定》强调的"改革开放只有进行时，没有完成时"，我们的课改虽然因为一些客观原因中止了，但是课改的种子已经种在了那些锐意进取的青年教师的心里，他们一定会在将来不断开花、结果。

改革从来都不是一蹴而就的，过程充满了艰辛和未知数。我的改革之舟在朝气蓬勃的斗志中启航，在大风大浪中义无反顾地颠簸前行。无论阻力有多大，我都不会屈服。即使有乌云密布甚至龙卷风袭来，我也总是要破釜沉舟地前进……

第六章

特色育人

本土教育培养未来华西人

　　"培养什么人？为谁培养人？怎样培养人？"每一个教育人，都要面对这样的灵魂拷问。办学十六年来，我全身心投入到了课程探索和育人模式的实践中。终于，我对这几个问题的理解，逐渐从懵懂走向深入，从感性走向成熟。

　　建校之初，我们大部分老师的教育教学追求仅仅局限于完成教学任务。每次上课该讲什么、讲到什么程度，主要按照教学大纲和进度安排，教师普遍照本宣科，对学生"满堂灌"。学校、家长对学生和教师的评价，也主要把考试成绩当成标准。大家日渐习惯这样的评价标准后，往往导致教师对教育教学的理解流于表面，缺乏对学生和教学的研究，更缺乏对教育方向和走势的了解，当分数碰到天花板，便陷入胶着，甚至困境。

　　更可怕的是，在追求分数的功利化道路上，我们有相当一部分学生毕业后对学校、对老师都没有感情，很冷漠，他们心里缺少了感恩之情和坚定的信仰，从他们身上我感受不到"尊师重教"。看来我们之前的教育是真的出了问题。我逼着自己去反思，这几年碎片化的、追求分数的教育到底错在了哪些地方，应该如何挽救？后来在接受中国网教育频道记者采访时，我也深刻反省了这个问题。记者根据采访写成了《华西实验学校吴洁：碎片化教育让孩子不懂感恩，是我们太功利了？》一文，就是当时我最真实的思考过程。

　　要让师生们在思想、情感、价值观和行为准则等方面都有标杆，我们必须尽早明确他们的精神内核。于是，我们先提出了"培养永远的华西人"这个理念。华西人是什么样的？我们的楷模——吴仁宝老书记，是他带领一代华西人开创了我们现在富裕、幸福的生活。华西人是具有大爱、包容共性的，我们始终想的是"一村富了不算富，全国富了才算富"。我们的学生中有 70% 都不是来自华西村，而是外来务工人员的子女。我们建设好学校、培养优秀教师，也是为了培养出更优秀的学生，最终希望他们未来回去建设他们家乡的时候，也要向华西人一样拥有大爱和包容的精神，将华西精神带到全国各地。这就是我们想要培养的"永远的华西人"。

　　老书记从小受传统文化和道德熏陶，他喜欢用古人的故事做村民的思想工作。老书记认为，中华民族的文化传统源远流长，劳动人民受它的影响最大。于是，他按照社会主义精神文明建设的要求，对传统文化和道德加以改造、加工，赋予新的内涵。与此同时，他还坚持将传统文化与现代文化有机结合起来，进行特色教育。

在学校建成之前，村里就已经到处可见闪烁着优秀民族文化光芒的雕塑、图像。"八仙过海"的群塑是在动员和组织农民建设社会主义新农村时设计的。村党委向全村人提出，我们要从贫困过渡到温饱的"海"，要像"八仙"那样，各显其能，人尽其才，发挥每一个人的积极性，共同建设新华西。"三请诸葛亮"塑像则在乡镇企业蓬勃发展以后建在了农民公园里，以此教育村干部和厂长、经理要像刘备三顾茅庐那样诚心诚意招贤纳士，尊重知识、尊重人才。延安土窑、长寿亭、孔子像等，鼓励着村民们发扬艰苦奋斗、爱老敬老、尊师重教等精神。

是的，这种将华西实际与传统文化相结合的特色也是可以为我们实验学校所借用的。

华西实验学校的发展，正好赶上了教育事业深刻变革、迅猛发展的新时代。党和政府对教育的宗旨和方向有非常明确的要求。2020 年 9 月 22 日，习近平总书记主持召开教育文化卫生体育领域专家代表座谈会并发表重要讲话，他说："要坚持社会主义办学方向，把立德树人作为教育的根本任务，发挥教育在培育和践行社会主义核心价值观中的重要作用，深化学校思想政治理论课改革创新，加强和改进学校体育美育，广泛开展劳动教育，发展素质教育，推进教育公平，促进学生德智体美劳全面发展，培养学生爱国情怀、社会责任感、创新精神、实践能力。"

有乡村特色的劳动教育

我们通过"请进来""走出去"，走近名师大家，进入名校学府，在不断反思和践行中，才逐步摸到了华西教育的发展脉络。为什么而教？为什么而学？分数背后是方法，更是方向、使命和理想。我始终认为，农村地区孩子的智力并不比城里的孩子差，只要给他们提供良好的文化氛围和育人环境，他们就会像地里的庄稼，充满精神气质和理想信念，经得起风吹雨打，保持向上生长的旺盛生命力。

江阴市当时提出打造"三力课堂"：学习有动力，课堂有活力，师生长能力。排在第一便是学习的内驱力。学习的内驱力从哪里来？我认为，还得从他脚下的根，从这片土地去寻找。

秉承"培养永远的华西人"的目标，我坚持扎根乡村办学，致力于华西新生代的全人教育、整体发展，践行山水间五育融合，努力实践乡村教育与乡村文明互动发展。我们华西不仅是农村，还是早就实现了共同富裕的现代化农村。面对滚滚而来的城市化浪潮，在党和国家提出乡村振兴的背景下，我一直在想，到底什么是好的乡村教育？乡村的孩子需要什么样的教育？

乡村教育离不开乡土资源的全面滋养，离不开乡土文化的悉心呵护。我深知，乡村教育需要树立乡土意识，探寻乡村文化，开发乡村独特的育人资源，才能走上乡村教育的振兴之路。

我首先想到的是要做具有我们华西村本土文化的、有乡村特色的劳动教育。劳动教育本身就是要使学生树立正确的劳动观点和劳动态度，热爱劳动和劳动人民，是他们养成劳动习惯的教育，是德智体美劳"五育"全面发展的主要内容之一。但是，据我了解，很多学校的劳动教育都流于形式，要么是在学校搞搞大扫除，要么回家做点家务，就算做完劳动教育的培养了。我们作为农村的孩子，日常生活中本来就离不开劳作和家务，但是现如今的华西村，早已实现农业机械化和工业化发展，村民们早就不用下田地干活，更别说孩子了。怎么办呢？

老书记那句"地创高产出，人创高素质"又给了我启发。那就充分利用好我们的土地吧。最让我骄傲和感动的是，无论幼儿园还是学校，我们都有很宽阔的场地。那是村里无条件地支持教育，拨给我们大面积可以利用的土地。我们把那些教学楼以外的土地利用好，也是可以大有作用的啊！

在系统规划和开发下，华西的孩子从上幼儿园那天起，就对"土地"有了直观的印象：进到幼儿园，可以玩沙子、玩泥巴；屋顶天台上、房屋四周都有菜地，孩子们可以和家长、老师一起种植蔬菜瓜果；孩子们一年四季都能吃上自己种植的各类蔬果。

在华西实验学校，我也沿用了幼儿园这一套。学校盖好后，留了一片空地，原本是想让华士高中并过来，给他们专门留的地方。此外，还预留了一片将来建室内体育馆的空地。但是后来由于种种原因，华士高中并未并入实验学校，原来规划的土地就都空着了。这一大片地上慢慢长出了杂草，长此下去就会成为废墟，与我们美丽的校园显得格格不入。必须得尽快利用起来！我先是让学校后勤人员把这片地开发出来种上产量大又易成活的蔬果，他们就种了土豆、红薯和蔬菜，长势越来越好。于是，在不同季节，师生的餐桌上就多了一道我们自己栽种的应季菜。我想着何不让学生们也参与进来呢？

土地要合理规划和有效运用，孩子们的劳动教育课也是经过精心安排和设置的。

我们先开垦了十多亩华西学子农耕体验基地，给每个班级都分配了一亩三分地，继而又开发了华西学子农耕体验项目，分别设置了水果总动员、花卉大观园、蔬菜新天地、五谷集结号、开心养殖场等相对独立又紧密联合的劳动区域。养殖场里有鸡有鸭，一条水沟将它们和种植区分开。

与此同时，我们将课堂与基地融合，鼓励学生从教室走向田野，组织学生在基地内开展农场实践活动，让乡村儿童热爱乡村山水。这样，他们才能更真实地对乡村产生亲近感、认同感和自豪感。

2021年11月，我们学校举办了江阴市中小学劳动教育现场观摩会。江阴市教育局的领导和很多中小学的校长、德育主任来观摩我们做了十几年的劳动教育。看着孩子们在水稻田割稻，在教室用稻草捆扎艺术品，与会老师频频点头，不住地赞叹道："这才是真正的劳动教育！"江阴市教师发展中心原德育教研员、无锡市首批德育工作带头人何小平的一句话也让我印象特别深刻，他说："从活动现场，我深深地感受到了华西实验学校的教育很好地回应了习近平总书记的三个灵魂拷问——培养怎样的人？为谁培养人？怎样培养人？"这样的评价足以证明我们的劳动教育是非常成功的，这样的鼓励也让我更加干劲十足。

劳动教育不仅是一种体验，而且成了华西的校本课程，让孩子们既体会到收获的快乐，更感受到劳动对一名华西人的价值和意义。劳动课还产生了让我意想不到的效果，就是孩子们把他们的家长也带进了劳动基地，亲子关系在劳动中产生了更密切的效应。

从2016年开始，我们举办了"亲子包馄饨"活动。从食材采摘、清洗到揉面、擀皮儿、包馄饨，都是孩子们和家长一同完成。这原本是采摘完瓜果蔬菜后的一个无心建议，没想到家长们竟然十分踊跃参加。有个不愿意上学的孩子也因此改变了对学校的想法，我们就将这个活动当成固定节目延续了下来。

合唱、戏曲响彻校园

本土教育里，我还带着老师们开发出音乐教育校本教材。我们华西实验学校的学生因为大多是农村生源，不像城市里的孩子有声乐、钢琴、跳舞等艺术方面的兴趣班可以选择。如何让他们也得到城市孩子一样的艺术熏陶呢？我想先从大合唱开始突破吧，这是比较容易让所有学生都能参与进来的一种艺术方式，在学校里也易于开展。

音乐教育在我看来也是具有美育功能的，我自己就是深爱着音乐，并从中受益良多。我也想把这种对艺术的追求和享受分享给学生们，让他们从小接受艺术的熏陶。尤其对于农村学生，如果能从此培养出一项艺术特长，也是会让他们受益终身的。

我先是在小学组建了合唱团，由我们自己的音乐老师授课。同时还请了我的"忘年交"江阴市实验幼儿园老园长高园怡的丈夫周维松老师到我们学校进行指导，他原本是江阴一所中学的音乐老师，在当地小有名气。周老师来到学校不仅是对我们音乐老师本身的一种鞭策，也带动了一次课堂改革的有益尝试。每当孩子们要外出进行表演或者比赛前，我还特意邀请南京、上海、北京的声乐专家过来，他们不仅拥有更专业、权威的水平，还有参赛和做评委的经验。孩子们的歌唱水平在专家们的指导下不断得到提升，外出的机会越来越多，他们在一次次登台放声歌唱中找到自我、增强了自信。

老师们也纷纷表示受益匪浅。王海荣老师在合唱教学中大胆尝试融入音乐游戏的元素。他选择具有故事性、情节丰富的歌曲，并在合唱的表演形式上进行创新，大大激发了学生的合唱兴趣，使他们真正享受合唱的过程。朱菊老师告诉我，她在排练过程中深刻体会到了耐心的重要性，并在一次次纠正的过程中享受到了成就感。王真老师也说，参与合唱让她深刻体会到了合作、沟通与表达的重要性。在未来的学习和工作中，她将继续运用这些经验，努力成为一个更好的自己。这些都是我最乐于看到的成效，老师们不仅获得了进步，并且享受其中。

出于本身对戏曲的满腔热爱，更怀揣着传承优秀戏曲文化的使命，我刻意从每个月的八节音乐课中抽出一节作为专门的戏曲欣赏课。这堂课并非只枯燥地讲戏曲常识，老师通常会选京剧、越剧、黄梅戏等经典唱段，一边播放视频，一边给学生讲戏里的人物和故事。我也时常到班里，教孩子们演唱，让他们亲身感受戏曲的韵味。戏曲毕竟是比较深奥难懂的艺术，孩子们最开始是比较抗拒的，但经过老师深入讲解后，他们在一个个精彩的故事中逐渐喜欢上了戏曲。那些年里，每个学生对不同的戏曲种类也能随口哼唱两句。

戏曲进校园，对很多音乐老师也是一个挑战。夏梦茹老师教授京剧就颇有体会。她最开始觉得有困难，经过一段时间教学，自身也收获了很多经验。夏老师在实际教学中，从京剧的历史、唱腔、行头等方面进行讲解，利于学生全方位理解京剧艺术。她还充分利用多媒体和网络资源，极大提高了教学效果。老师们教授戏曲的兴趣逐渐增强，经验愈发丰富，孩子们对戏曲的了解和热爱也在提升。传统文化被更多师生知晓并得到传承，这是多么美好的事情。

与此同时，我们每年都举办"爱我家乡 唱响校园"的歌唱比赛。每个班都要唱两首曲目，一首是校歌，一首是他们的自选曲目。当音乐的美好旋律盘旋在校园上空时，我自己也满是自豪感。孩子们的生活中多一点音乐，多一点抒发情感的方式，他们的性格也会变得更开朗，活得更开心、自信。姚曼曼老师曾经跟我说，"班班有歌声"合唱活动作为一种集体表演形式，不仅能够培养学生们的音乐素养，更能够在潜移默化中塑造他们的个性，培养他们的团队合作精神和自信心。她的感受与我的教学目的不谋而合。

此外，我一直在师生中倡导读书，搭建各种读书学习平台，建设书香校园。组织学生开展诸如武术操、合唱、舞蹈、书法、足球、篮球等兴趣活动，发展学生的文艺体育兴趣爱好。我们以"星级华西娃""华西好少年""华西好青年"等多元评价为导向，引导学生在丰富多彩的活动中增强情感体验，感受学习成长的快乐。

华西实验学校陈海霞:

作为一名专职音乐教师,我的工作与学校的文艺活动分不开,一次次学校的大活动历历在目,校庆、艺术周展示、百灵鸟合唱舞蹈比赛、民族官表演、校运会的开幕式……最让我难忘的还是青年教师文艺协会,是这个平台锻炼了我的工作能力。很幸运,那年我被选为学校的副秘书长,我的进步和青年教师文艺协会这个大家庭是分不开的。

我们协会在吴洁书记的细心呵护下成长壮大。协会刚成立的时候,吴书记还亲自指导我们音乐教师,她几乎每周都把我们集中起来,耐心询问我们的排练状况,关心我们有哪些困难。吴书记考虑到每位教师的个体差异,想让我们在不同的领域得到锻炼,做到用人所长;对我们进行合理的分工,让我们有用武之地和发挥的空间。

我自己在协会活动中获得了很多展示的机会,使我在工作岗位上体验到充实快乐和幸福。我们驾驭节目的能力越来越强,每一次协会的对外展示效果也很喜人!我为参加这个协会而感到幸运,因为在这里,我提高很快,更重要的是变得更加自信了。

吴书记尤为重视我们艺术老师自身专业的发展,她希望艺体教师成长得更快更好,从而带动学生们的全面发展。为了让我们能接受更权威、专业的指导，吴书记不惜重金从北京请来合唱、舞蹈、琴法、曲艺等方面的专家。我们不出校门，免去奔波之苦，就能免费学习到知识和技能。专家的高超技艺更让我们看到了大师风范，最打动我的是他们身上流露出的一种高贵品质和敬业的精神。每当吴书记请来音乐、美术等方面的艺术老师来给我们指导，我们组都能近距离接触，以前只能在媒体上看到、听到的艺术大家，如此近距离地走近我们身边，那是多好的学习机会，我们就是其中最幸运的人。吴书记这种全心全意想要让大家不断获得成长与进步的举动，让我的内心感到无比的温暖和感动。

还记得华西村50周年村庆的时候，我们组就有部分老师参加了接待工作，和知名歌手韩红零距离接触，那真是一次难忘的回忆。离我们最近的大活动还有《大手牵小手》央视录制活动，在吴书记的带领下我们的师生走上央视的大舞台。在这些大型活动中积累演出经验，可谓是我人生的一笔宝贵财富。我想这也是我们音乐组全体老师的集体荣誉。这次活动不得不提吴书记，是她牵线搭桥，千方百计给我们争取并创造机会，鼓励我们一定能把事情做好。她的坚定信念和严谨乐观的态度，强烈的责任心和敬业的精神，一直鞭策着我们前行。

十几年来，大大小小的活动让人记忆犹新，除了艺术，还有吴书记给我们搭建的丰富多彩的学习平台，如教师读书会、吴仁宝精神课题研究小组、小农场劳动教育、各类专家讲座、各学科教师的专业指导……不仅我自己发生了巨大的变化，我也真切地感受到了身边同事们的进步。相信今后的我们必定会继往开来，朝着更专业、更谦和、更优秀的目标奋勇前进！

吴仁宝精神特色课程

华西的学校还拥有全国独一无二的教育资源，即华西文化和吴仁宝精神，这也是我们最大的发展优势。我校德育的特色与亮点就是以"吴仁宝精神"的传承为主线，贯穿学校教育教学工作全程，引导孩子体验热爱家乡、艰苦创业、实事求是、追求卓越、共同富裕、无私奉献的乡土情怀，做新华西的建设者和接班人。

借此，我们打造了华西特色课程。学校开发了两大系列校本课程。一是开发"吴仁宝与华西精神"系列德育课程，包括《华西——天下第一村》《大地之子——吴仁宝》《华西精神与中国梦》《华西创业》。二是开发"华西学子"系列校本劳育课程，规划了各年级劳动教育子课程项目，着力改变学生的学习方式，引导学生在活动与实践中学习，探索协作活动性学习体系，实现"以劳增智"的课程目标。

建校十周年的时候，我们创作了校歌《做个好少年》，全校学生参与拍摄了校歌的 MTV，在中国教育电视台全国校歌评选中荣获优秀奖。2011 年春，华西孩子参加了"上海之春"国际音乐节比赛，取得优异成绩。

2020 年 10 月，中央广播电视总台体育青少节目中心《大手牵小手》栏目组，走进华西实验学校录制整台文艺节目。我校近 400 名师生聚集在华西文体活动中心与少儿频道主持人鞠萍姐姐进行了节目录制。孩子们用最甜的歌声、最美的笑脸，唱响《我家有个老书记》《一棵大树》，以此来怀念老书记，传承老书记精神，向全国观众展示华西娃的风采。次月，华西的孩子们又登上了央视少儿频道的舞台。家长们都说："孩子能读华西实验学校，幸运又自豪。"

华西实验学校毕业生孙金诚：

2020 年 10 月，中央电视台少儿频道《大手牵小手》栏目组要到我们学校录制节目。录制活动由鞠萍姐姐等主持人和本校学生共同主持。在录制筹备期间，学校要进行学生主持人的选拔工作。听到这个消息，我立马报名参加选拔大赛，这可是千载难逢的机遇啊！

　　为了更好地展示华西学子的风采，学校对这次活动极其重视，主持人的选拔工作也十分严格。几轮筛选下来，最初几十人仅剩五人。我虽在这五名选手当中，但仍感到压力十分大，因为每人的实力都很强。一旦表现稍有瑕疵，迎接我的便是淘汰。我丝毫不敢懈怠，我们每个人都希望将自己最好的一面展示出来。经过不断比试，我成了那个最幸运、最幸福的孩子——做鞠萍姐姐的主持搭档，登上央视少儿频道！

　　老师后来告诉我，吴洁书记看过我们选拔赛的视频后，一眼就看中了我，觉得我的气质更适合做主持。当我听说被选上的时候，我激动得手舞足蹈——要知道我是一个来自四川的外地学生，只是一个普普通通的老百姓家的孩子，这对我来说是莫大的荣幸。

　　等到节目正式拍摄录制那天，我一早就跟随老师到了拍摄地点——华西村文体中心。尽管这几天里已经练习了上千遍，但我心里的紧张还是挥之不去。手里握着早已被汗水浸湿的主持稿，望着前方的大舞台，我的心跳止不住加速，既紧张又激动。过了一会儿，舞台上走来一位和蔼可亲的中年女性，她的气质十分优雅，即使在人群当中，只需看一眼就能认出她——鞠萍姐姐。鞠萍姐姐认真地看各个节目的排练，不时地给出优化建议。

"小主持人在哪儿？到舞台上来吧。"听到鞠萍姐姐在叫我，我不由得更加紧张了，迈着僵硬的步伐来到鞠萍姐姐的身边。望着我从小就喜欢的主持人，心里油然而生一种莫名的亲切感，既兴奋又欣喜。"你待会儿听到我说'接下来掌声欢迎我们的小主持人'你就慢慢跑上来，跑到这两个点中间，好吗？"鞠萍姐姐始终微笑着，我机械地点了点头。"别紧张，小伙子，自信点儿！"鞠萍姐姐又朝我笑了笑。这一次，我使劲地点了点头，朝着她也笑了笑。之后整个节目的录制都进行得非常顺利，我的主持也未出现任何差错，活动圆满结束。

这次难忘的经历带给了我太多太多，不仅增强了我的自信，还让我积累了宝贵的主持经验。在学习上，它鞭策着我不断前行——当学习失意时，当遇到困难想要放弃时，甚至是在我面临中考胆怯时，我的内心深处都会冒出这样一句话：孙金诚，你可是上过央视的，你肩负着学校、老师和父母的希望，你没有退路，只能坚持，只能前行！这句话已经帮我渡过了许多难关，战胜了许多挫折，我相信，它也将是我未来人生发展的动力源。

能与鞠萍姐姐同台主持节目，作为一名乡村学生，这在以前是想都不敢想的。可是就在华西实验学校，我做到了。学校有一个如此广阔的舞台，让她的孩子们展示风采，在阳光下茁壮生长。这舞台的背后，是吴洁书记对华西教育的大爱情怀，是她对每一位华西孩子的成长所投入的一片丹心。感谢吴洁书记想尽一切办法为我们这些农村孩子搭建闪亮的舞台、为我们提供优质的教育资源，培养我们终身发展的自信。

2022年9月，我成功考入南菁高中，这一切都是母校给我的最美的际遇。我永远不会忘记我的母校：感谢您，母校！愿您桃李满天下！

我们一手抓校园内涵建设，一手抓课堂教学变革，全力提升教学质量。通过多层次的督导，多维度的评估，我们引导教师从过去的"抓教学进度"向"抓核心素养和思维的进步"变革。一分耕耘一分收获，在近年的全市中考等重大考评中，华西实验学校有了很大的进步。2021年，"植根乡土的五育融合：乡村教育振兴的华西实践探索"荣获江苏省基础教育类教学成果二等奖。这个奖项的获得，对于我们乡村学校而言不仅是一个莫大的荣誉，更是一份使命，为华西实验学校的持续进步奠定坚实的基础。

这些年来，我们通过不懈努力推动课程建设校本化深入实施，让教师课程意识得以增强，课程实施能力得以提高，教育教学业务素质得以提升。我身上肩负着"培养具有未来素质的华西人"的使命，它提醒着我始终要把教师、学生、教育放在心里，催促着我奋勇向前。

我向往的学校就是应该有学校的样子——孩子是快乐的，老师是愉悦的、满脸笑容灿烂的，校园是充满欢声笑语的。我始终希望我们的华西娃就像校歌《做个好少年》里唱的那样"华西实验学校是梦的起点……我们真诚做个好少年……勤用功思进取青出于蓝。华西实验学校有爱的召唤，我们跟太阳走向明天。"

职高始末

2006 年建校之初，我们是没有考虑开设职高班的。

2007 年 6 月，正当我在忙乱的工作中找到一些头绪的时候，有一天突然得知，我们学校除了小学和初中以外，还得开设职业高中。我依稀记得，这个建议是当时分管教育的副市长向我爷爷提出来的。

那两年正处于我国要大力发展职业教育的初期。2006 年又是关键时期。2006 年 2 月，教育部办公厅印发了《教育部2006 年职业教育工作要点》。其中明确提出，2006 年职业教育工作的指导思想是，以邓小平理论和"三个代表"重要思想为指导，全面落实科学发展观，认真贯彻落实《国务院关于大力发展职业教育的决定》和全国职业教育工作会议精神，坚持以服务为宗旨、以就业为导向，深化教育教学改革，大力推进体制机制创新，加强基础能力建设，进一步扩大招生规模，全面提高办学水平和质量，努力实现职业教育的新发展。

在全国重视职业教育发展的背景下，我爷爷分析了我们村的实际情况后坚定地认为我们搞教育首先需要对社会负责。一方面，他意识到，不是所有的学生都能考上高中，没考上高中的孩子可能就游荡在社会上了，我们实验学校如果开办职业高中，这些孩子就有学上了。爷爷说："这群人也不一定笨，有可能是太灵了、太调皮了，如果认真地学，培养了出来也是人才。"另一方面，我爷爷意识到我们村未来要顺利发展还需要两万人，而职高的学生培养出来就可以直接安排就业，对华西的整体发展是有利的。他说这叫"双赢"。

于是，华西实验学校的职高班以办班点的名义挂靠在江阴职教中心（后来更名为江苏省江阴中等专业学校，简称江阴中专）来办学。明确办职高班后，我们都没有犹豫和迟疑，马上行动起来。当时，我们迫切需要增补一名懂职业教育的副校长。

几番协调后，这位新的副校长8月份才能到学校报到，但第一届职高的招生是不能等到中考后再进行的。我们得争分夺秒开展专业设计的工作。我考虑毕业生将来的就业以我们华西村企业为主，再结合教师的配备问题，决定先开财会和机电两个专业，每个专业只有一个班级。

时间紧，任务重，马上就要开学了，我去哪里找专业教师呢？我想起了市里最出名的那所职业学校——江阴职业技术学院。于是，我去到学校跟他们沟通，根据我们的专业设置，能否聘请相关专业老师来给我们的学生上课。我们班级少，课时少，最初并没有自己的专业老师，只能根据需求和变化从那边请老师过来。江阴职业技术学院也非常支持我们办学，都是根据我们的需要来支援对口专业的教师。

我们就从实验学校直接调来文化课老师。他们从普通中学去教职高，有的老师心里有落差，认为职高的生源太差，不好教。我只好经常给他们开会，做思想工作。职高的老师们是一个优秀的团体，他们适应得很快，不仅及早转变了心态，还改善了教学方式，并且能跟学生们打成一片。

华西实验学校徐进学：

我原来是初中语文教师，想着要去职高任教，心里是有一点波动的，但想到那也是一个很好的锻炼机会，就欣然接受了挑战。

对职高的学生，我们不能用原来的教学方法。他们的文化课基础普遍比较差，我就从兴趣入手。我的做法是先用与课文相关的课外知识吸引学生注意，再进入正常的教学，因此在备课这个环节就需要做得很充分。我作为班主任，不仅带着他们上课，还一起开展各种活动，学校的体育运动和社团活动都很丰富，我们一起踢足球、打篮球、搞文艺晚会。经过我们师生共同努力后，我发现原来垂头丧气、没有自信的孩子，经过三年的学习和实践，他们到毕业的时候都变成了充满信心、阳光开朗的少年。

在职高班那些年，令人难忘和值得回味的时光有很多，但是吴洁书记对团队的关心、鼓励更让我感动。吴书记对我们每个人都很关心。记得有一年我爱人生病做手术，我因为学校工作太忙抽不开身去照顾。书记就安排了专人替我去医院陪护，这让我很感动、很感激。我爱人是另一所高中的教师，我俩工作都太忙，吴书记还特意去我爱人的学校找校领导一起协调我俩的工作强度，这让我感到很意外又很温暖。

书记很会表扬人，她能发现我们每个人的优点。当老师们遇到困难的时候，吴书记当天晚上就会跟我们一同面对，给我们出谋划策。她说，如果我们华西不办职业教育，这些孩子就得去外面上职业学校，一是他们家长不放心，二是要花更多的钱，更重要的是学生就业等各方面问题也不好解决。吴书记经常组织我们职高班老师在一起开会交流、一起团建，她还亲自带我们和学生去苏州、北京等地参加实践活动。

我尤其被吴书记的教育情怀所打动，她不忘吴仁宝老书记当时创办职业教育的初衷，在用心努力实践，也用这种情怀感染着我们。她经常说，我们办职业教育其实就是服务华西的百姓，让这些成绩较差的孩子都能上学，在村里上学就能方便家长与老师沟通，共同帮助孩子度过学习的困难期，将来才能身心健康地走上社会，进而能更好地工作。书记以前跟我们说起老书记的时候，情到深处都会流眼泪……她现在做吴仁宝研究一定更坚强和坚定了，就像老书记一样具有"三不倒"精神——难不倒、吓不倒、夸不倒。

职业教育在整个教育体系中是不可或缺的。在不同的评价体系里，让我们老师能从各个维度去看到学生进步的闪光点，这也是让我们职高全体老师不断增强信心的重要一点。在吴书记的带领下，我们职高班的老师也很团结，配合度很高，大家相互补位的意识很难得。

教师、专业两大问题都解决了，我们又开始紧锣密鼓地招生。因为时间太急，我们想着第一年大概不会招到多少学生，只是想着先把班办起来就好。没想到的是，第一届职高班招生极大地超出了我能想到的范围。

原计划第一届就招80个人，每个班40个人。没想到竟然突破了100人，还有不少家长托人来说情，要让孩子上我们的职高班。由于财会班早已严重超员，为了能在我们学校读职高班，有几个女生只好将就选了机电班。我当时总觉得对她们有点愧疚，幸好职高班最初的几届都是我亲自参与，无论是班主任的安排，还是专业教师的配备，在全市都是非常优秀的。

不得不说，江阴职业技术学院派过来的老师确实都很专业，也很负责。老师们悉心教学，培养的学生还可以考他们的大专班。他们无论是从技能培养，还是升学深造上都能给予我们华西的学生以专业的指导和引领。

我们除了不断配备和培养专业教师，还建设了与之相匹配的实习实训工场。我想尽办法，找场地、找资金、找专业人士，很快就在华西实验学校建起了基本满足学生技能训练的实习场所。几年后，我们的实训基地虽然已经具有一定规模，但我认为以技能为所长的学生还是得真枪实弹地干。于是，我又向校外拓展，广泛联系村里的相关企业，不久也在校外建起了我们职高学生的专业实训场所。这样，我们的学生培养就越来越向"双元模式"靠拢。

江阴职业技术学院原院长钱红：

2007年我还在江阴中等专业学校工作，吴洁找到我。用她的话说是来"请求支援"的。她言辞恳切，介绍了华西实验学校的办学历程，并说了准备办职高班的设想。这一想法主要是为了满足华西村的用工需求，学生从职高班毕业后就可以留在村里，以此为华西的企业发展提供劳动力支持。

但是，刚建好的九年一贯制华西实验学校并没有开展职业教育的经验——既没有职教的专业师资，又没有职高学生实习、实训的条件。吴洁是要白手起家，进行具有华西特色的职高班的探索。

开办职高班首先要考虑的是专业设置问题。华西村制造业比较发达，乡村旅游和餐饮服务也比较兴盛。吴洁抓住华西村产业结构的特点，提出了开设机电、财会、烹饪三个专业的设想，要在华西实验学校培养出一批思想品质好、业务能力强、专业技术精的一线技术人才。

随之而来的问题就是：专业师资从哪里来？吴洁提出"内培外借企业聘"的招师策略。第一，把华西实验学校内一部分师德好、责任心强的教师充实到职高部教学中来，担任班主任和文化课教学；第二，主动出击，向兄弟学校借用优秀专业教师担任专业课教学；第三，面向行业企业聘用专技人才和能工巧匠担任实习指导教师。

我们学校派出了机电、财会、烹饪等专业教师赴华西实验学校担任专业课教学任务。为了保证华西职高班的正常授课，我们专门制定了外借教师管理制度——对外借教师管理实行政策倾斜，同时适当减轻本校教学任务，适当调整本校上课时间，确保外借教师每周有固定的时间去华西职高班完成相应的教学任务。

吴洁始终重视对教师团队的打造和培养。当时我们学校的学工处处长曹忠被她慧眼识珠，引入到华西实验学校担任副校长。几经历练后，曹忠还担任了他们学校的校长。

职业教育与普通中学教育不同，除了配备专业教师，还需要有与之相配对的实习实训工场。例如机电专业必须有机类和电类的实训工场，烹饪专业必须有红案和白案实训工场等。吴洁千方百计想办法，舍得投入建工场。短时间内她在华西实验学校建起了基本满足学生技能训练的实习场所，同时积极向外拓展、广泛联系相关企业，在校外建起了职高学生的专业实训场所。例如，把烹饪实训工场与龙希大酒店的后厨紧密联系在一起。这番操作形成了在校学文化、学理论，在外学技术、学技能的"双元模式"。

在吴洁的潜心经营下，没几年的时间，华西实验学校的职高班不仅拥有了自己的一支专业师资队伍，还建起了一定规模的高水平实习实训基地。在专业设置上，吴洁坚持以市场为导向，不断优化调整，及时停办了相对饱和的财会专业，新增了华西紧缺的旅游专业，满足了华西村大力发展旅游服务业的需求。

那些年，华西实验学校培养出来的职高学生毕业后供不应求，在企业很受欢迎，工厂对他们的评价也很高。这批学生不仅因为受过专业训练，具备专业知识和能力，还因为他们的父母通常也在华西的企业工作，稳定性比较强。

后来我因工作需要离开了江阴中专，调入江阴职业技术学院，但与华西实验学校的"校校合作"始终没有中断过。几年前，华西实验学校因为各种原因停办了职高班，但是我和吴洁还时不时有联系。这些年相处下来，我认为吴洁不仅是一个谦虚、勤奋、正直的人，在教育事业上更是一个善学、善思、善为的人。

她善于学习。吴洁把老书记作为人生的榜样和楷模，她跟我说："老书记八十多岁了还在不断地学习，我有什么理由不学习呢？"最初作为一个职业教育的"门外汉"，完全是零起点，但是吴洁不是自己关在家里学，她主动去华东师范大学、去南京、去北京等地参加研讨培训。通过学习，吴洁就从外行变成了内行，这对她办教育起到了很大的帮助。这十几年，华西实验学校与其他学校的差距快速缩小，甚至超越了原本难以企及的高度。

她善于思考。吴洁一直处于学习的状态，她就一直在研究、在思考——如何提高教师队伍的整体水平？如何把华西实验办成名副其实的最美乡村学校？如何实现高质量发展？……思考的过程也就是悟的过程。我认为教育工作者是要有悟性的，吴洁跟高校和教育机构做课题研究，她就不断悟出对教师培养、做学校管理的方法和窍门，这些都是善于思考的结果。

她善为，体现在敢想、敢做、有为。吴洁思维活跃，经常有很多想法，更重要的是她会尽力去一个个落实。她看到老幼儿园设施陈旧，就主动出击，积极争取村委的支持，得以新建园所。她在夹缝中生存，却打造出独一无二的优质园。她明白学校的软肋是教师，她就全身心投入去提高教师的教学水平，想尽办法帮他们外出求学、邀请名师进校，抓住"牛鼻子"狠抓师资建设……

如果说吴仁宝老书记对整个华西村的发展作出了巨大贡献，树立起了一座中国新农村建设的丰碑，那么我认为吴洁对华西教育的发展更是功不可没的。老书记做一方书记，造福一方百姓；而吴洁则是全身心投入华西的教育事业，对华西教育的发展可谓呕心沥血。因为她是真正爱华西的。

选择读职高的学生几乎都是没有考上普通高中的孩子，他们对文化课大多是有恐惧的。基于此，我们对三年职高课程的安排除了国家的基本规定以外，还适当进行了一些调整。比如，第一年的重点是要求学生不要讨厌学校、不要逃课。我为此经常和两位班主任交流，也会不定期和职高所有任课老师一起探讨问题。我让他们尽量将文化课的试卷出得简单一些，争取让每位学生都合格，先树立他们学习的信心。二年级就要开始上专业课了，这毕竟涉及他们未来的就业，要成为一名合格的产业工人，因此我们对专业课的考核就比较严格。到三年级他们则重点以专业课为主，学校为他们对接企业，介绍他们到企业里去学习和成长，尽可能多地为职高学生创造成人、成事的锻炼机会。

更让我惊喜的是，第一届职高毕业生成了我们华西各个企业的"香饽饽"。他们的毕业典礼让我至今还在回味——师生同台竞技，老师们个个大显身手，尤其有位从初中调到职高的语文老师，他竟把刘德华的歌唱得出神入化，模仿得简直可以以假乱真；学生们也不甘示弱，铆足了劲儿，使出浑身解数尽情展现自己。从舞台设计到每个精心安排的节目，都是由师生们共同设计并一同表演完成。

经过口口相传，我们的职高班在全市逐渐打开了知名度。往往是学生还没有毕业，村里的企业就赶紧前来预定了。根据我们华西服务业的发展和企业的需求，学校后来又增加了旅游班、烹饪班、钢铁冶炼班。专业课老师一方面从江阴中专、江阴职业技术学院等相关学校"借用";另一方面送自己的老师去南京旅游职业学院培训,同时还从村里的企业聘请有一定专业技能和文化基础的专业人才进课堂指导。比如,我们的烹饪班就一直和村里合作,专业老师由村里的餐饮部门安排人员来指导。

随着越来越多的职业学校开办五年制大专班,我们的职高生缺乏直接的学业上升空间,职高班的生源越来越少。到后来,一个班级只有二十几个学生,我们决定还是把精力放在义务教育阶段。虽然我们的职高班师生的质量都很不错,但我深知,要"培养具有未来素质的华西人",尤其是未来华西的高素质人才,终究还得从中小学抓起,最重要的还是综合能力和素质的提升。

2022 年 7 月,我送走了最后一届职高毕业生。这 15 年里,我校职高毕业生共计 1077 人,涉及机电、会计、钢铁冶炼、旅游、中餐烹饪 5 个专业,他们遍及我们华西的各个企业。

真是舍不得这些孩子们,他们虽然在中考失利,但是在职高找到了自己的人生方向。每一个孩子都是独特的存在,我很庆幸能让他们在我们学校展现了真实和更优秀的自己,在这里为他们的人生打下坚实的基础。

华西实验学校许建国：

从 1995 年开始，我就一直从事初中物理的教学工作。2009 年 8 月，我加入了华西实验学校这个大家庭，进入职高部。我从原学校一个中层正职干部变为一个机电班班主任，从单纯教物理变为多学科执教。刚开始，我心里有疑惑，也有些许不乐意。

但是幸好遇到了吴洁书记，她是我教育职业生涯的贵人。理解她的有一批人，不理解她的也有一批人。但不管怎样，最爱这个学校的人和为这个学校付出最多的人，都是她，没有之一。

记得 2009 年下半年，学校推行干部竞聘上岗。我心想算了吧，不参加了，因为以前的事情，我还没整明白呢。吴书记却对我特别关心，刻意让外聘专家卢校长来做我的思想工作。经过与他诚恳的谈话，我顺利应聘，并重新走上后备管理岗。打消疑虑后，我开始放手好好干工作。

2013 年 8 月，在吴书记建议下，我们学校成立了教师发展处。那年暑假行政会，吴书记首先让我谈谈学校教师发展和教科研工作的重要性，我就说了两句。没想到吴书记就直接宣布："许建国，现在起，你全面负责教师发展处的工作！有意见吗？"

"没有！"我爽快而坚定地回答。

表面上看似简单直接，其实我并没有做好思想准备，心里直打鼓：书记，你之前怎么不问问我呢？

既然答应了，我只好硬着头皮上。接下来的5年，我全面负责发展处的工作，同时兼管职高教学管理。直到2018年7月，我离开发展处。这5年，我被熬得够呛，但是对我而言也是难得的锻炼机会。

我组织、主持了学校大大小小难以计数的教师培训工作。而这背后，都是吴书记在精心策划和大力支持，她知道抓好教师队伍建设的迫切性和重要性。其实，吴书记多年来一直坚持做的事情之一也是教师发展。她组织成立了教师文协、教师读书会、教师研修班、教师先锋班、专家指导组……这些年来，学校市级以上骨干教师从无到有，从几人到几十人，成绩是众所皆知的。而这些骨干也在学校各学科发挥并辐射着他们的作用。

吴书记一直说："帮助想成功的老师走向成功，培训就是最好的福利。"2017年12月起，我负责学校工会工作，她时常提醒我不要忘记，工作不只是给大家发发福利，还有很多重要的事要做：师德师风，教师教育学习……2018年全年，我统计了一下吴书记发我的消息共计300多条，不得不说："吴书记，我真是服了你了！"

这些年，我参加了十余次外出培训和各种交流活动，去过北京、上海、西安等地，有全国中学校长论坛、清华大学干部培训、深圳龙岗中学交流等。时间最长、体会最深的要数 2010 年 11 月 21 日到 12 月 2 日为期 12 天的上海学习。

2010 年是我校的"教师培训年"，一年来学校组织我们广大教师参加了各级各类的校内外培训、学习活动，而我也非常有幸获得多次培训、学习的机会。有五位同事和我一起赴上海学习，其中三位老师去了上海浦师附小，我和另外两位老师去了华东师范大学附属东昌中学南校学习。

学校领导特别是吴书记非常重视本次上海学习，11 月 17 日下午吴书记和周校长在学校茶吧组织我们六个人召开了准备会。我因年龄最大，被推荐为组长，负责为大家做好后勤服务和联络工作。吴书记要求大家把握好机会，刻苦认真地学习；通过学习改进观念，开阔眼界，发现差距，提升自我，变被动学习为主动学习；并希望我们多交一些朋友，多看到别人的优点，做到大度、大气。周校长也要求大家认真学习先进的管理经验，多学习别人的长处，认真参加教研活动，在外全心学习，注意自己的形象、纪律；要每天坚持写学习日记，把心得和感受随时记录下来。

在学习的那些日子里，我们始终睁大眼睛，竖起耳朵，敞开心扉去凝视、去倾听、去交流、去捕捉、去汲取。这次学习中，我们每一个人都认真刻苦，每天晚上大家都聚在一起交流当天的学习情况，都非常希望能把所学带回来和其他老师分享，应该说我们圆满完成了那次学习。

上海的学习结束了，但学习没有终点，没有结论，就好似挖井，越挖问题就越多。在我们的前面总有一个问号，这个问号就是我们不断学习研究的动力。

感动来自多方面，有来自我校领导和老师的关心，有来自在我校指导的三位上海校长，更有来自我们所去学习学校的领导和老师。记得11月21日出发那天下午，吴书记亲自送去我们上海，她的一句话令我难忘："看我们的老师多神气啊，我真是越看越高兴。"从她的眼神中我看出了真诚的关心和期待。

11月25日是感恩节，这期间外出培训，让我再次感受到了校领导的良苦用心，那就是我们都应该做一个对学校感恩的老师。我们更应该要报效学校，为学校的发展尽心尽力，所有的谢意和感动唯有用踏实努力的工作来回馈学校。

华西特色的校园文化

从爷爷决定盖新学校的时候，他就定下了调子，要建一所具有我们华西特色的实验学校。学校的特色是什么呢？我想她不仅应该具有华西农村的特色，以及在此基础上构建的劳动教育特色，其实，更应具有"吴仁宝特色"。华西实验学校传承的"吴仁宝精神"在全国是独一无二的！

我们在学校成立之初就明确了"培养永远的华西人"的办学目标，希望我们学校培养出来的子孙后代都能记住华西的荣光，记住自己作为华西人的骄傲，他们无论身处何地，都不能忘记我们华西的坚守信念、敢为人先、奋斗创新的精神。

2008年，当学校申报无锡市"十一五"课题的时候，我们也犯难了，申报什么课题才能突显我们华西的特色呢？我们邀请了江阴、无锡、上海等地的教育、文化等方面的专家，让他们为我们做过的、在做的和将来要做的事情进行总结、提炼。他们经过深入调研和探讨，一致提出了"吴仁宝精神"。

吴仁宝精神是什么？

吴仁宝精神，就是吴仁宝老书记半个多世纪带领华西村民进行社会主义建设的风雨历程中形成的一种精神，是实事求是、开拓创新、为民造福、无私奉献的四个要素相互关联的统一。半个多世纪社会主义建设的风雨历程造就了"吴仁宝精神"，这种精神在华西已经化为一种文化，浸润着华西人前进的旅程，引领着新农村建设的方向。

从此，华西实验学校确立了"传承吴仁宝精神，培养永远的华西人"的办学目标，贯彻"弘扬华西文化，润泽教育理想"的教育理念。我们以"吴仁宝精神"为核心引领学校文化建设，让"吴仁宝精神"走进校园、走近学生，在润物细无声的校园文化中提高学生的道德素养，建设具有华西特色的学校文化，成就学校的特色发展。

我们不仅建起了"吴仁宝教育馆"，成立了"吴仁宝教育研究中心"，还挖掘了"吴仁宝精神"的育人价值，在这些基础上提炼出学校文化建设的元素，形成了学校的特色文化。

既然是华西特色的学校文化，就必须从教育视角出发来解读"吴仁宝精神"。围绕着办学理念和办学目标，我们以"诚"为校训，以"和谐、进取"为校风，以"爱生、勤学、善教"为教风，以"会做人、会学习、会创新"为学风。

学校分别从环境文化、教师文化、班级文化、制度文化四个层面展开，让"吴仁宝精神"引领学校文化建设，形成具有我校特色的学校文化内涵。

进入学校大门，首先映入眼帘的就是那块写着"诚"字的巨石。这个"诚"其实也是华西精神的浓缩——实事求是，诚信做人，诚信做事，诚信学习，希望打造学生的一种诚信品格。

学校以环境文化为着力点，我们在绿化、美化、教育化建设等方面融入"吴仁宝精神"的内涵，营造一个以人为本、和谐幸福的校园环境。我们以群英林、感恩书苑等为基地，紧紧围绕"培养永远的华西人"的主旋律，不断挖掘其深层内涵，开设感恩讲台，让学生讲述发生在身边的感恩故事。教工之家、创业林、丽娃路（"美丽华西娃"之意）、成长林、仁宝路、诚信大道，这一道道寓意深刻的风景，不仅让师生们沉浸在老书记精神的环境里，更成为他们的心灵会所。学校以这样的环境文化来引导师生的价值取向，规范师生的行为准则，明确师生的文化追求，激励华西实验人坚守精神的家园，实现人生的价值。

这里不得不重点提及感恩书苑。感恩是一种生活态度，是一种美德。华西实验学校是村里高起点规划、大手笔投入建造的现代化新学校。我们的教育要让学生懂得回报他人，要树立关心他人、服务社会、忠于祖国的理念，要为华西社会经济发展服务，培养一代又一代的具有华西特质的永远的华西人。

在这个理念的指引下，2008年，华西实验学校建成了一个特殊的"景点"——感恩书苑。虽然是在室内，也是小桥流水，生趣盎然，别具江南风味。学校每个学生对这里都不陌生，因为每个学期，他们都有一次机会面对大家，登台发表关于"感恩"的主题演讲。演讲内容关于华西，关于家庭，关于同学……凡是身边让他们感动的人和事，都可以与大家分享。如果从三年级算起，等到从华西学校初中毕业，一个学生至少获得14次登台演讲的机会。孩子从准备演讲稿到侃侃而谈，他的观察、表达等能力无疑得到了很好的锻炼，更重要的是，他在表达感恩的过程中，培养了一种与他人、社会建立保持友善关系的能力，培养了他与华西的情感。

感恩书苑刚建成那几年，这个师生的精神家园还成为连接学校与社会、家庭的纽带。每逢双休日、节假日，图书馆对外开放，许多家长、校友开车来学校借书、看书。家校共建，资源共享，学校成了喧嚣中的心灵憩所，社区也成了令人向往的书香之地。

只有幸福的教师，才能培养出幸福的学生。我们结合教师队伍现状，通过相关的问卷调查，及时了解教师的幸福感、归属感、价值取向、专业追求等方面的实际情况，为构建教师自我发展规划、师德修养建设、学习型科研型教师团队打造等方面提供参考。学校还开设了新教师学习班、青年教师成长班和骨干教师专业提升班等，着手建设与"吴仁宝精神"相契合的自强不息、奋勇拼搏、超越自我、敢为人先的教师文化。

班级文化是班级师生共同创造的精神财富，为了充分发挥班级文化的职能作用，围绕"会做人、会学习、会创新"的学风，我们以"吴仁宝精神"为核心，创建班级特色文化。通过开展"打造班级名片，展示班级风采"的活动，展现学生对校园文化的认识和理解，形成各班独特的人文氛围；同时也有效地发挥了学生在班级文化建设中的主体地位和作用。

制度是学校特色创建有章、有序和有效的主要保证。我们积极融入大华西教育环境，学习华西的创新管理机制，结合学校的具体情况，构建了一系列现代学校管理制度，形成在和谐、民主、竞争的氛围中师生身心愉悦、积极向上的制度文化。经过实践探索，我们由原先的"块状管理"转变为"条线和块状相结合的管理"，形成了"学校统一规划，干部统一使用，教师统一调度，制度统一制订，学生统一管理"的"五统"管理模式，增强了两部（小学、初中）之间的交流沟通，拓宽了教师的发展空间，使学校逐步走上了均衡、和谐、一体化的健康发展轨道。

从建校时对一砖一瓦的关注，到学校建成后对师生的亲切关怀，老书记从不曾放松对我们华西教育的重视。记得2012年11月我们建校五周年庆典的时候，爷爷还隐瞒病情来到学校，并随着大家一起在校园里漫步。庆典展览室设在三楼，学校的大楼都没有电梯，他那会儿已经爬不动楼梯了，才没有上去。直到那个时候，我才感慨，爷爷是真的老了，我更不能因为学校的事情让他操心了。

可是没承想，回到家不久他就病倒了。其实在此之前，他率领 100 多名班子成员去北京的中国国家博物馆参观"复兴之路"大型展览之时，身体就已经出现了问题。当时他高烧39 度，但仍带领大家宣誓"有难官上，有福民先；伟大复兴，重任在肩"，激励大家为实现"华西梦""中国梦"而奉献。

2013 年 3 月，爷爷病情加重，只能转到上海治疗。年事已高的他，可能自知时日无多，在上海住院没多久，就强烈要求回家。落叶归根，也许是刻在老一辈中国人骨子里的执念，对于农民出身的爷爷而言，对土地的依赖和眷恋更是深刻。

住院没几天，在爷爷的一再坚持下，家里人把他接回了村里。虽然病情没有好转，但爷爷的心情明显比在医院时好很多。但是再强大的人，也敌不过时间的流逝和病痛的折磨。2013 年 3 月 18 日，我永远记得这个日子。我的天塌了！当天18 时 58 分，爷爷走了，享年 85 岁。当晚，村里所有地标性建筑都关闭了外景灯，以表达对老书记的哀思。爷爷去世的消息传开后，省内外各界人士纷纷赶过来，跨越山海奔赴告别。记得有一位我不认识的人特意从苏北骑自行车赶过来，就是为了送爷爷最后一程。这份心意，我一直记到现在。

此后的很长时间，我都过得浑浑噩噩。每天醒来都不愿意接受这个现实，多么希望只是噩梦一场。每当看到墙上爷爷的遗像，我又开始了悲伤的一天……我知道自己不能长久沉浸在苦恼中。我开始走出去，去外地学习传统文化，在不断参透《孝经》《大学》等书籍中用忙碌来充实生活。经过了大概一年的调整，我逐渐回归正常的生活和工作。

人不能总活在过去，必须向前看。我必须把学校的工作做好，让老师幸福，让学生在健康快乐成长中学有所成，我才对得起爷爷对华西实验学校的付出和期待。

爷爷去世的第二年，为了缅怀他，学校开展了一系列的纪念活动，包括主题班会、手抄报、校园广播、情景剧等。随后每年3月18日所在的那一周，学校都要举行相关纪念活动。我们每年还对每个班级进行德智体美劳的考核，评选出最优秀的那个班级为"吴仁宝班"。这可是全校最高荣誉了。这个班的学生都会以身作则，在全校形成模范带头作用，他们还会去各个班级宣讲吴仁宝精神。这样的宣讲不仅让他们更好地践行了老书记精神，而且对每个人也是一种历练，让他们愈发自信。

经过各种参观了解和主题活动，老书记已然活在了华西实验学校师生的心中，他的精神也永远激励着大家勇敢前行。

今天的华西，已然没有了老书记当年的"高光"时刻。但新时代的华西村早就喊出了"不以华西为世界，而以世界为华西"的口号。来自五湖四海的创新和建设人才，源源不断涌入华西。据统计，截至2023年，华西39%的企业高管、59%的中层干部都来自外乡，员工队伍中超过92%都是外来人口。

从统计数据来看，华西教育服务的对象，近七成都是外乡人。华西实验学校能提供什么品质的教育，从长远来看，将决定华西人力资源的稳定和发展。只有优质的华西教育，才可能让大家在文化上实现普遍认同，在情感上有所归属，最终打造具有鲜明华西文化特质的新一代华西人。

还记得华东师范大学教授、教育部中学校长培训中心原主任陈玉琨在受聘华西实验学校名誉校长时说："华西教育要认清社会发展的潮流。华西村的明天，取决于华西教育的今天。如果后天华西失掉了'天下第一村'这个荣誉，那么华西教育人是有责任的。"这句话让我不仅感受到了责任重大，也有一丝丝心惊。无论是倾心于华西的教育事业，还是忠诚于老书记研究，我都将这句话铭记心里，更希望我的思想和努力能让我深爱的这片土地再次焕发出光彩。

2024年9月，习近平总书记在全国教育大会上激励教育系统干部师生做挺膺担当奋斗者：为建设教育强国注入磅礴力量。这是多么振奋人心的讲话！这些年，各级教育部门都给予我极大的认可和鼓励。他们被我为教育的深情打动，认为我身上有老书记的"大爱"情怀，评价我为农村基础教育做出了贡献。但是我并不敢以此为傲，我深知我们华西村的教育在整个乡村教育实践中还太渺小、力量太微弱。我只愿自己多年探索、实践的乡村教育能为乡村振兴尽一份绵薄之力。

江南大学人文学院教授、博导田良臣：

我来自农村，有一种天然而深厚的农村情结。2007 年到江南大学工作之前，就听闻过华西村的造富"神话"；来到无锡以后，听到与之相关的信息就更多了。我逐渐萌生了一个想法，能不能走进华西村的学校，了解一下他们的教育状况？大家从事的都是教育事业，如果有机会能进行一些研究合作就太好了。

为什么有这样的想法呢？中国的城乡教育本有很大的差异，怎么才能做到城乡教育真正"各美其美，美美与共"呢？

当一个人的生命变得无根之后，他对周围的世界就不敏感了，他的感觉会钝化，他对很多东西都不稀罕，甚至对生命也没有敬畏之感，因此就会导致很多问题的出现。可与此同时，我们的乡村教育又没有意识到自己拥有大自然这个最宝贵的财富。

我始终认为乡村教育的振兴，就应该让乡村教育真正实现乡土化，让"绿水青山"成为"金山银山"。在借鉴城市教育经验的同时，也为城市教育变革提供有益的参照。

那几年，华西村的发展出现了一些波澜，有人质疑华西村也会"富不过三代"。我就在想，土生土长的华西人，以及新一代华西人，该用什么样的态度来面对自己脚下这片土地，该如何规划自己的人生呢？我们的乡村教育是应该让孩子因为接受了教育而离开农村，还是学成归来建设自己的家乡呢？毫无疑问，我希望是后者。

2019 年，我们学院的"吴仁宝精神研究团队"在华西村做调研，经常带回来很多有意义、有价值的信息。我也因此和吴洁书记从"吴仁宝精神"谈到"乡村教育"的话题。

吴洁书记不是一个一般意义上的华西人，也不是一个学校的普通教育工作者。她是站在华西村的立场上，思考中国乡村教育的问题。我们对乡村教育的认识和向往在很大程度上是一致的，所以我们一见如故。

首先，我非常认同吴洁书记对吴仁宝精神的关注。她认为华西村能够富裕起来，并不是简单地靠大家的勤奋劳作就能成就的，更重要的是要有智慧。吴仁宝老书记就是因为拥有大智慧，才带领全村百姓在没有天时地利的环境中走出属于华西村的致富路，是当之无愧的农民哲学家。意识并重视这一点，吴洁书记的精神境界就很不一般。

其次，吴洁书记对学校教师团队建设也很有自己的一套方法。她通过带老师们外出参观、学习，又引进专家团队进校辅导的方式培养了一批骨干教师，而且很多时候都是自己无私的付出。她利用自己的资源多方奔走，联系专家和学校；她还自掏腰包贴补各种经费，组织老师们开展活动和聚餐。

吴洁书记有很浓厚的本土意识和乡土情怀，她一直在思考，作为华西后辈，在充分享受了先辈们打下的基业、过着相当优越的生活时，自己的贡献在哪里？又应该为村民们做些什么？

我认为，从教育的角度而言，在华西村这块土地上，应该提供一个乡村教育振兴的华西经验。我们一拍即合，于是江南大学教育学院和华西实验学校就此展开合作。

合作初期也并非一帆风顺。因为我们共同做课题研究就需要老师们有一定的阅读量和写作经验，这实际上是给老师增加了讲课之外的负担，有的老师配合起来就比较消极。吴洁书记很注意团队的培养和打造，她不仅自己加强阅读和学习，也通过开展读书交流会等方式让老师们多阅读，还进行思想动员和多方沟通。这一番操作下来，我们研究团队和学校老师的合作进行得越来越顺畅，效果越来越好。

最终，"根植乡土的五育融合：乡村教育振兴的华西实践探索"的课题获得了2021年江苏省教学成果奖二等奖。获奖其实不是我们的最终目标，我们是想借此打造一个团队，长期做好中国的乡村教育振兴工作。经过这个项目的历练，不少老师得到提升。其中一名音乐老师给我留下了深刻的印象，她说自己通过参与这个课题，感受到了观念的改变——以前觉得音乐课就是教学生唱歌、弹琴，现在领悟到音乐课最先应该做的是培养孩子对声音的敏感，养成倾听的习惯。这太棒了！一个乡村里的音乐教师有这样的领悟，是让人备受鼓舞的。

如果我们在做课题的过程中，能够让一拨又一拨的本土教师得到培养和成长，乡村教育就是大有希望的。而我们的课题研究就是想让华西的后辈们能扎实地总结出华西经验，无愧于吴仁宝老书记那些先辈们付出的努力。也要让大家看到，在华西这片土地上，后辈们还在延续先辈精神去"耕耘"，华西精神得到了传承。

吴洁就是意识到了这一点，才全身心地去做文化、做教育，让乡土文化、乡土传统、乡土精神得到延续，源源不断地滋养华西人。一个乡村有学校、有钟声，就有文化的灯光。学校是一个乡村的文化高地，吴洁是一个有梦想的探索者，她就像华西村文化的点灯人，用点点滴滴践行着自己振兴华西教育的理想和承诺。也希望华西实验学校的教育变革能够持续地深耕下去，我们关注并期待着。

华西实验学校吴洁：
碎片化教育让孩子不懂感恩，是我们太功利了？

众所周知，华西村被誉为天下第一村，这里的人们非常善良、朴实，敢于付出，勇于拼搏。在老书记的带领下创造了华西村今天的辉煌。那么华西实验学校已经走过十年的时间，十年里，这里发生了翻天覆地的变化。在全国校长论坛召开之际，我们来到了这所学校，下面请跟随我们的镜头一起寻找这里教育的秘密。

中国网：华西实验学校已经建校十周年了，这十年中，您有什么样的感受？

吴洁：我很开心，我很自豪，我感觉到就是我的一个小小的梦想实现了。十年前，当我面对着一支纯村校老师合并而来的师资队伍的时候，我很无奈。村校的老师，就是不知道你们是否能理解，完全村校的，纯村校。因为十年前学校成立的时候，就是从华西附近的四所工代村校的代课老师，或者就是跟城里，不要说跟城里了，跟镇上的老师距离都非常大的，这样的老师并过来。

现在我们有一位老师已经是办公室主任了。我第一次和她见面时，以为她是烧饭的食堂里的阿姨。后来跟他们接触下来，我发现乡下的老师跟城里的老师差距不是一点点，他们的差距在哪里？其实是在视野上见得少了。

面对这样的一支师资怎么办？我觉得唯有请进来，送出去。所以我们这个十年一直在做一件事情——请进来，送出去，给我们的老师搭建平台，请专家来作讲座。

…………

通过这样请进来，送出去，十年的坚持，我发现最大的变化就是我们的老师不一样了，他会思考了，有了问题会思考了，然后他的精气神不一样了。看到我们老师的进步，看到我们老师的成长偷偷写在脸上，我特别高兴。

中国网：华西实验学校走过了十年时间，作为一所以农村学校，它和其他学校可能有一些不同。有专家说我们是"农村学校中的城市学校"，那它有什么不一样的特点呢？

吴洁：我觉得没有什么不一样的特点，这是我理想中的学校。我记得我小的时候，教育挺好的，反正老师是那么亲切，我觉得我现在做的教育不是说不一样，而是农村学校应该有的样子。我觉得我们农村的学校就是应该这样。

比如说我们农村的孩子需要有对农村的热爱，我们学校还有一个农业科技园，体现着农耕文化。我刚开始的时候发现，我们农村的孩子，包括我们的老师，居然大蒜、韭菜都不分，有的就是很多农作物都不知道什么生长规律，什么时候应该播种都不知道，我觉得这是一件很可怕的事情。

为什么？我们中国是以农业为主的大国。你看，农村的老师都不懂怎么来教农村的孩子，我觉得太不应该了。很感谢，因为华西村给我们两百多亩地的这样的一个校园，所以我们就角角落落把每一片土地都用好。

我们进行了一个农业科技的尝试，通过这样的一些活动，我们的孩子知道了农作物的生长规律，也让我们的老师间接通过农作物的生长规律的研究意识到教育规律。我们要遵循一种规律教育，什么时候怎么教育孩子。我一直觉得农作物还好一点，可是孩子的教育不能耽误——农作物最多一季，孩子是一辈子。

所以我发现，学校的这样一个活动唤醒了我们的老师，至少唤醒了一部分的老师，让他们知道要遵循教育的规律，所以我自己也在摸索中前行。我一直跟我们老师说，我们很年轻，我们需要成长，怎么成长？学习呀，任何时候都可以学习。

　　第一个，学习。第二个，学习以后要实践。我们在课堂上，在方方面面，在各种各样的活动中，跟人家交流，都是学习。然后我们必须在实践中总结和反思，慢慢会有自我突破。

　　现在提出要传承传统文化，要创新，我一直认为，传承和创新是一致的，没有传承，没有立足于本土，你如何去创新？所以我们依旧很年轻的华西实验学校，本来就是一所农村学校，我们要立足农村孩子的培养特点，然后我们要开阔视野，走向世界。

　　中国网：您刚才也提到了，中国是农业大国，农村也孕育着民族文化之根，所以孩子们生活在这里也非常幸运。

　　吴洁：我觉得挺好的。

　　中国网：我们知道您和您的团队提出了要培养"永远的华西人"，您对这句话是怎么理解的呢？

　　吴洁：我自己陪伴着华西实验学校一路走来，也在从无知到一点一点觉醒，是对教育的觉醒。当时我们学校要定位我们的目标、理念等。说句实话，我跟每一位乡村老师完全是一样的，一片空白，我们不理解什么叫教育理念，也不知道我们的目标在哪里，我们那个时候只知道考试。

　　什么时候开始觉醒的？这源自我们自己的发现。为什么老师辛辛苦苦培养孩子们毕业了，他们对学校毫无感情？我就觉得这些学生毕业以后，教师节给老师哪怕发条信息，回到学校来看一看，就是对以前的班主任有一些依恋的表现，可是没有。

我们辛苦几年，他们怎么会没有依恋？这个时候我们才开始发现，前面几年的这种"摸着石头过河"的碎片化的教育教学，可能就是太功利了。因为我们功利了，我们的功利教育影响到了培养孩子。为什么会有今天这样的孩子？因为我们培养出来的孩子感受不到尊师重道，也许我们错了。

这些年，我们思考学校的定位是什么，究竟要培养什么样的人。最后，大家集体讨论定出来——永远的华西人。华西人应该是什么样的？我们的楷模就是老书记吴仁宝，是他带着一代一代的华西人创出了华西人的富裕，让华西人过上了幸福的生活。

我们都知道美丽的华西村、幸福的华西人。但曾经的华西其实非常贫困，就是在我们老书记的带领下，才有了今天的华西。然后我们就开始去思考、挖掘华西人的内涵。我们最终知道，华西人有一种大爱，一种包容，就是自己有了还要去分享给别人，就是要做到一人富了不算富，全国富了才算富。

…………

教育同样如此，我们培养的孩子同样如此，我们的孩子70％以上都是外来民工子弟，这些孩子将来是不是留在华西呢？那不一定。我们更愿意这些被培养出来的孩子们将来回到他们的家乡，去建设他们的家乡。这就是我们真正所想的，这才是我们培养"永远的华西人"的意义。

中国网：华西实验学校已经走过了第一个十年，这十年变

化非常大，对于第二个十年、第三个十年，甚至更多的十年，您有怎么样的憧憬呢？

吴洁：总结一句话来说吧，我就觉得学校应该有学校的样子，孩子是快乐的，老师是愉悦的，每天是高高兴兴的，笑脸是灿烂的，校园充满欢声笑语，这就是我向往的学校。

中国网：我们也祝福华西实验学校能够在您和周校长的带领下，培养出更加快乐、健康的孩子们，培养出更多的"永远的华西人"，希望他们能够传承华西精神，然后把这种拥有大爱的华西精神传播到世界各地。

中国网教育频道，2017 年 12 月 23 日，收录时有改动

为了华西村的"明天"

——华西村幼儿园发展侧记

华西办学，也有华西的特色。第一点，为什么办学？华西的老百姓富了，华西的小孩到城里去了，甚至到国外去了，照例来说，我们不要办了。不行，我们要照顾外面来的职工，我们是公办，这个学校条件要好，我们进行改革，所以叫实验学校。这是一点。第二，为什么不办高中、办职业学校？原因有两点：一是对社会负责的问题，因为对一般学生来说，不能全部考上高中，这些人可能就游荡在社会上，那我们办了，可以让他们认真地学。这些人也不一定笨。有些人分数考得不高，可能太灵了，调皮了，这些人培养出来，是个人才；二是我们华西本身两万多人，这些人出来就可以安排就业，对我们发展有利。所以我们要办这个学校，这叫双赢。

——吴仁宝

"天下第一村"的牌子依旧闪亮。进入江苏江阴华士镇华西村，老远就能看到村口这块醒目的大牌子，自从20世纪90年代以来，"华西村"就以"家家小洋楼，户户拿分红"驰名全国，村民们实实在在提前过上"小康"生活的画面，让全国农民羡慕不已。

老书记吴仁宝带领村民创造"神话'的历史虽然过去,但华西前进的脚步仍未停歇。当年不到一平方公里的华西村,如今已经发展成为面积超过澳门、人口两万多的"大华西"。和过去参观时看厂、看楼不同,现在四面八方的客人到华西村,一进大门,村里人更喜欢把手往路边的楼群一指:看,这是我们村的幼儿园!

70年代"造田"、80年代"造厂"、90年代"造城",新世纪"育人"……华西村前行的每一个步点,都在紧跟时代的节拍。——没错,这正是"第一村"的打开方式。

华西的"后院"

进入华西村,不看那些历史的陈列,不看那些闪光的数据,也不着急参观"九九归一"的华西塔群和与北京"国贸"等高的"龙希酒店"的话,在下午下班时间到华西村幼儿园门口看看,倒是可以发现华西村和城里人差不多的生活日常:幼儿园外面众多的小车,门口一个个伸直脖子望着里面的、神情焦急而兴奋地等着接孩子的家长。有点不一样的是,幼儿园门口有几位手臂戴着红袖章的家长,在维持着秩序,所以放学时的华西村幼儿园欢快而有序:车在园外停放得规规矩矩,家长们在门口排得整整齐齐。

1978年,华西全村交税28.18万元,2018年底交税14.86亿元,增长了5272倍。1978年村民的人均年收入是220元,现在增长到了9.05万元,增长了410倍。这逐年增长的发展数字意味着什么？对华西人来说是数十年如一日的付出，是过上好日子也不松劲的拼搏奋斗。对华西村幼儿园的老师来说，这个感受更加具体：他们得保证村民一大早上班时，在幼儿园迎候孩子们；节假日放假时，也得保证有人值班。

华西村幼儿园沈老师说，华西村幼儿园早上6:30就有老师值班了，7:00孩子们就开始入园。下午放学后，如果有家长不能按时来接孩子，幼儿园就安排值班老师继续看护。节假日期间，如果有家长送孩子过来，幼儿园也能保证孩子正常入园。另外，幼儿园还有"小小班"，以关照年龄更小、家长无力照看的孩子。在服务村民和外来务工人员家庭上，华西村幼儿园基本上是"全天候"的。

华西村百姓富裕之后，并没有搬到相距不远的江阴、无锡，甚至上海、苏州这样的城市，而是继续在家门口上班，在家门口发展，让孩子在家门口上学，这和村里有高质量的幼儿园以及华西实验学校不无关系。

教育，是新时代华西家庭的定心丸，也是新时代华西人汲取精神文化滋养的根。

华西的"重教"之风

华西村幼儿园建园20年，条件也屡经"迭代"、不断升级。随着新园区投入使用，华西村幼儿园面积之大，设施之全，设计理念之新，别说在村办幼儿园里少见，在整个江阴市也是罕有其匹。

继2001年村党委投入800多万元兴建幼儿园新楼之后，2018年又投入3000多万元兴建了二期工程，目前华西村幼儿园总面积达到了23000平方米，其中绿地面积达到9000多平方米。目前幼儿园有400余名孩子，教师、职工50多人。进入室内，可以看到功能分区清晰，物品摆放和管理要求标准、规范，每个班的孩子在室内即可实现活动、盥洗、学习、交流、休憩等。最让人眼前一亮的，莫过于华西村幼儿园随处可见的和自然、土地的关联：天台、屋顶上，小小"农场"生机勃勃，精心打理的土地分割成小块，小麦发着青苗，灌溉的水管滴着水滴……教室周围，种植着各种树苗和花卉，还有小菜园沿着墙根环绕成一圈，红通通的大萝卜、绿油油的大白菜从土里冒出大半个身子，好像要急不可待跳出来和你来一个热情的拥抱。这一切似乎在提醒每一个人：华西村幼儿园虽然现代，但它又是一所名副其实的农村幼儿园，它就像华西村一样，站在田野之中，成长于大地之上。

华西村幼儿园的高起点、大手笔，不仅是巨大的资金投入，更体现了鲜明的华西理念和华西特色。其看似无意实则有心的细微之处，更体现了对教育的敬畏和匠心。

华西村对教育的重视，并不是有了钱之后才开始的。可以说，华西村很早就重视教育，也优先收获了教育的红利。

20 世纪 70 年代中期，老书记吴仁宝在当时村里还不富裕的情况下，组织全村建造了当时江阴市很高的建筑——两栋分别为四层、五层的楼房，起名"教育大楼"。四层那栋，主要用来培训农民，开办面向村民的农民夜校和各类培训；五层那栋，一楼就是华西村最早的幼儿园和托儿所，楼上则是中小学。

为了鼓励当时"上山下乡"的知识青年发展华西村的教育，当时的书记吴仁宝拿出了极大的诚意。据一位老校长回忆，当年生活非常清苦，村小老师日常用餐一般是在校自备灶具餐具，轮流做饭，柴米油盐的费用由大家平摊。到了华西村以后，老书记却安排老师们到大队接待站免费用餐。吴仁宝说："我们村民每个人筷子头上省一点，老师们就可以吃好了。你们老师都是有知识、有文化的人，你们教育好了我们的孩子，我们农民才不会一代一代都赤脚走在田埂上……"吴仁宝书记一席话，说得教师们热泪盈眶。

华西村在改革开放的大潮中迅速崛起，除了领头人吴仁宝书记敢为人先、无私奉献的精神和非凡的智慧之外，华西村民们思想统一、纪律严明，学习力、领悟力、执行力能跟上书记的要求，集体走上农村工业化、企业化和共同富裕的道路，可以说华西村的教育功莫大焉。

吴仁宝常说："鼓了钱袋子，不忘小孩子。"华西村在富裕之后拿出巨资办学，创办了高规格的幼儿园，兴建了华西实验学校并赠送给国家，这和老书记的教育情怀密不可分。

家门口的就是更好的

今天的华西，虽然已过了老书记当年的"高光"时刻，但华西村作为"天下第一村"的实力仍在。现任华西村党委书记吴协恩说，华西村在推动乡村振兴的过程中，以"当助手"的姿态，落实人才振兴。新时代的华西村喊出了"不以华西为世界，而以世界为华西"的口号。来自五湖四海的创新和建设人才，源源不断涌入华西。据统计，现在华西的企业高管中，39%是外来的，中层干部中59%是外来的，员工队伍中超过92%是外来的。

这意味着，华西教育服务的对象，一多半都是外乡人。能提供什么品质的教育，从长远看将决定华西人力资源的稳定和发展，而优质的华西教育，则可能在文化上实现所有人的认同，最终打造具有鲜明华西文化特质的全新一代华西人。

华东师范大学教授、教育部中学校长培训中心原主任陈玉琨在受聘华西实验学校名誉校长时说："华西教育要认清社会发展的潮流。华西村的明天，取决于华西教育的今天。如果后天华西还是'天下第一村'，那么需要华西教育人的思想和努力。"他的话，让在座的华西教育人很受触动。

在不同年龄阶段的家长们眼里，孩子身上表现出的每一点进步都是令人惊喜和欣慰的。

多年前，何先生因为在华西打工的姐姐介绍，从贵州来到华西村工作，这里良好的工作、生活条件促使他下决心留下来，和一位来自苏北的姑娘成了家。如今，他的女儿从华西村幼儿园毕业后，在华西实验学校的小学部上学。他说，每年暑假，他都会带着孩子回贵州老家。在贵州乡下，有不少都是父母常年在外地打工的留守儿童，相比之下，何先生觉得自己和孩子幸运很多。"和老家乡下同龄的孩子相比，我的孩子明显懂的东西要多，要自信得多。叫她在大家面前唱首歌，她大大方方就唱起来了。"更让他欣慰的是，孩子特别知道关心人，半夜听到姥姥咳嗽，她能从床上起来给老人递上热水。

对华西村的家长来说，在幼儿园阶段，主要是希望孩子养成良好的学习和生活习惯，而更好的选择就是让孩子在家门口上学，从华西村幼儿园到华西实验学校无缝衔接。这就要求幼儿园和实验学校的小学、初中具有面向未来的、统一的育人理念、贯通的教育思想，成为完整的优质基础教育体系的闭环。

如何才能做到这一点？分管教育的华西村党委委员、华西实验学校党总支书记吴洁说，学校植根于华西这块热土，必须用好华西得天独厚的教育资源，让华西文化来润泽学校教育。

教育有尺度，更有温度

作为华西"原住民"，吴洁至今依然清晰记得自己小时候在村里的幼儿园的情景——虽然还是华西村幼儿园挂牌之前的早期，那仍然是一段给童年带来美好回忆的快乐时光。

"那时候条件有限，但我们小孩子还是可以玩搭积木、跷跷板等一些好玩的游戏。"她说。2007年开始分管华西村的教育工作之后，她才体会到，即便是幼儿教育，也不是一件简单的事情。

首先便是"计划生育"政策下，家庭对于孩子风险的认知和接受度，成为一个专业教育机构必须小心评估和管理的问题。一位在幼儿园工作已经十多年的老师，至今还对一起风险事件心有余悸。"那时候我刚参加工作不久，又喜欢小孩子，心里头想的都是可爱的、轻松的场景，没承想就在自己面前，一个孩子朝我跑过来的时候，竟然一下摔倒在地，我当时就蒙了。"类似的事情，幼儿园应该如何及时应对、预防？这需要一整套管理办法。

华西村幼儿园正式开园之后，首先就是解决从无到有的问题：梳理服务流程、管理规范、考核制度。面对庞大的幼儿入园需求，补充师资、提升设施水平。为了解决人才问题，华西村在待遇上吸引，在专业上尊重，凡是主动要求到幼儿园工作的人，只要符合基本条件，在人事上便一路绿灯，特事特办。

华西村良好的教育工作氛围逐渐传开，吸引了江阴、无锡、淮安、南京等地的幼师专业毕业生前来应聘。由于幼儿园老师都是女孩子，而华西村幼儿园不是公办的"铁饭碗"，为了留住人才，主管领导的一项主要任务便是充当"红娘"，把女职工变成新村民，扎根华西，服务华西。

也许，无法产生感情的工作不能称之为热爱。年轻的女孩子们刚开始因为一份职业而来，但却在工作中被孩子们的天真感动，逐渐体会到幼教工作的意义和价值。现在已经在华西实验学校就读的陈亦菲的母亲说，孩子和辛勤培养她的幼儿园老师们朝夕相处，产生了甚至连家长都替代不了的感情。放假时，孩子会说："我想我们老师了！"有好吃的时候，孩子会说："要留一份给我们老师，我们老师很辛苦的。"孩子的话感动了家长，也让他们觉得华西村幼儿园是孩子成长的摇篮，是另一个家。

为爱求索，拥抱未来

即将迎来 20 岁生日的华西村幼儿园，早已过了"带带孩子吃吃饭、有空简单玩一玩"的初级阶段，随着家长代际的更替，社会的快速发展，老师们发现很多东西在悄然间发生着变化。

过去，除了特殊情况，基本上就是一学期几次家长会见见家长，现在有了微信群，每天都得看看动态随时可以和家长互动交流。现在资讯发达，家长们期望值也都比较高，对孩子的性格、习惯、情感、知识等的变化，他们都很在意。

幼儿园也开始像小学、中学一样备课、磨课，搞教学科研，尤其让老师们感到压力的，是开发园本课程。"过去读书的时候在学校备课只是对着书本，但在幼儿园你得磨课，看孩子的反应，或者里面添加些游戏。"幼教专业的耿老师说。她从师范毕业后来到华西村幼儿园，现在抓教研工作。

如今，华西村幼儿园每个年级每个学期都有完整的课程计划，按照时间进度分成几个主题推进，比如小班的《我上幼儿园啦》《认识我自己》，中班的《长大真好》《孝心到永远》《我的家乡在华西》，大班的《长大真好》《从小爱祖国》等等。每个主题，都分别从语言、音乐、美术、社会、健康等维度设计教学内容，同时立足华西特色，把华西的文化资源，比如老书记的精神、村民奋斗故事等渗透进去。

为了促进教师队伍的成长，吴洁近些年一直努力"抓住和创造教育的重要关键性事件"。虽然是村办幼儿园，但华西教育接触的资源，可说是国内优质的。大批业内著名专家学者的到来，改变着华西教育的生态，影响着老师们的思维和观念。

幼儿园老师说，在打造园本课程的过程中，对老书记的精神有了更深的认识，大家都很崇拜他，也受到他身上那种奋斗、奉献精神的影响。最近，按照吴洁书记的要求，他们正在研读《爱和自由》这本书，书中那个美好的世界，似乎就是未来那个充盈着人文大美的新华西。

《中国教育报》，2019 年 11 月 15 日，收录时有改动

"走着走着花就开了"

——对话华西村党委委员、华西实验学校党总支书记吴洁

作为分管华西教育的党委委员，同时又担任华西实验学校党总支书记、兼任幼儿园园长的吴洁很忙。自从 2007 年走上这个位置，一路走来，她感觉自己如同经历风雨霜雪四季，如今才渐入佳境。作为吴仁宝的后人，她身上既透着老书记那种风风火火、敢闯敢拼的劲儿，又自带女性特有的细致和敏感气质。说到教育这个话题，周围的人都能感觉到她从内到外都放射出激情。毫无疑问，她对自己从事的这项事业，已经在时光的洗礼中，收获了真正的成长，也生出敬畏。

问：和刚接手教育工作时相比，你感觉自己经历了什么变化？

吴洁：刚接手这项工作的时候我才 30 多岁，之前的工作经历比较简单，基本上没碰到什么困难，所以对这件事是懵懵懂懂的，对自己为什么要去学校总想不明白。现在才理解，华西教育承载了老书记对华西明天的殷切期待，作为华西人我有责任把老书记的心愿变成现实。我开始思考教育是什么，教育为了谁，教育该怎么做。这一思考就是 10 年。我从一个容易激动、容易流泪的年轻人，成长为一个理智、宽容的人。有了对师生的换位思考，有了对弱者的怜悯同情，有了对教育的重

新定位，更多是有了对老书记和华西老一代创业者的认同。

问：你觉得华西教育的"牛鼻子"在哪里？

吴洁：还记得学校成立之初，当地教育同行评价华西实验学校是一流的硬件，三流的师资。华西实验学校要走出困境，唯有教师发展先行。改变不仅仅是硬件，更需要以文化为基点。我开始四处聘请专家、特级教师、学者等定期或者长期驻校指导、培训，建"专家工作室"，开设各种教师培训学习班。我把所有能利用的教育资源都调动起来，创造老师学习交流的机会。我们筹建了校园文化工作小组，让学校有了群英林、百花园、小农场……十年磨一剑的坚持，我看到了老师的变化、幸福的远方。

问：在教育实践中，你对教育的本质和规律有了更深的认识。在推动教师成长方面，你有什么心得？

吴洁：经常听到大家说，"你永远无法唤醒一个装睡的人。"再好的资源和条件，也无法打动一个不想要的人。一棵树怎么摇动另一棵树？得有风啊，所以营造重大的关键性教育事件非常重要。通过这些关键事件来影响教师、发现其中德才兼备的人才加以重点培养。除了我们走出去开阔眼界，请进专家学者引领，我们也创建了一些学习型的灵活组织，比如我们办乡村先锋教师研修班、读书会、乡村教师学习共同体等等，让教师们慢慢聚合，多读书、多思考，努力成为名师，在教育中实现自己更大的人生价值。

问：你认为华西村教师主要在哪些方面存在不足？你心目中理想的华西教师是什么样子的？

吴洁：我觉得我们老师在现代知识、现代理念上和教育发达地区还有较大的差距，学习力、深度思考有待提高，根子还是文化底蕴不够。我希望我们的老师能成为有尊严的、具有现代教师专业气质的、有文化的华西教育人，把培养永远的华西人作为自己的使命。

《中国教育报》，2019 年 11 月 15 日，收录时有改动

开创农村教育"不一样的大美天地"

——华西村十年办学回顾与展望

　　谈到农村教育，讲得最多的可能是教育公平的问题。但实践告诉我们，不正视城乡差距而生硬地寻求教育公平并不是一条实事求是的农村教育发展之路。因为城乡差距、差异永远是一种客观存在，它不只是物质与人力上的，更是精神与文化上的。好在党的十九大报告指出，我们已经迈入新时代，今天中国社会主要矛盾已经转化为人民日益增长的美好生活需要和不平衡不充分的发展之间的矛盾。

　　结合华西村十年的办学历程，我们越来越坚信：农村教育，首先要基于农村这个前提，尽力解决"不平衡"的问题；

其次，农村教育不只是要做到"一样好"，更要实现自身的充分发展；再次，要实现基于差异的个性发展，需要我们去开创农村教育"不一样的大美天地"。

在创业中，明确面向华西未来的办学方向

2007年，在时刻念叨"富了钱袋子，不忘小孩子"的吴仁宝老书记决策下，华西村一次性投入1.5亿元，很快建造起了一所占地206亩、可供4000余名学生入学的江阴市华西实验学校。学校在短短几年时间内完成了"三次华丽转身"：由分散办学向规模办学的转身，把原来分布在华西及周边各个自然村的两所村小和两所初中整合成江阴市乡镇办学规模最大的学校，形成了涵盖小学、初中到职高的整体教育格局；教师队伍由"杂牌军"向"正规军"的转身，办学之初，学校把主要力量用在教师队伍建设上，大部分教师是当地土生土长的农村人，其中不少教师由代课教师、民办教师转型而来，学校通过分流人员、引进教师、校本培训、专业引领等途径着力提升教师队伍整体水平；实现由传统教育向现代教育的转身，尽管这样的"转身"到今天依然尚未完全完成，但自建校那天起我们就主动融入教育改革大潮，素质教育的大旗始终紧握在手。

当我们静下心来认真组织全校师生总结探讨学校的办学发展时，越来越清晰地意识到，无论我们全面追上先进学校的想

法有多么迫切，也不管华西村作为经济后盾的支持力度多么强大，我们一直不曾离开我们的一个办学原点——我们就是一所农村学校，一所华西村的学校。我们的学生几乎全都是华西村民的孩子和服务华西各个企业的外来务工人员子女；教师大多把华西村视作他们事业、生活的一方热土。这几年学校虽然聘用了不少外来教师，但茶余饭后华西乡音却总是那么浓郁；华西村是全国创业的一个典范，几代华西人创业铸就的华西精神就是一本丰厚的教材，它始终在每一个师生眼前打开着，深深地影响着学校的发展。

十年发展的过程，全校上下坚定了一个信念：我们是一所农村学校，但我们要办一所全国最好的村校，像帕夫雷什学校那样的学校。这成了我们全体华西教育人孜孜以求的一个梦想。

这个信念，让我们澄清了对教育的许多认识，办学思路变得释然而坚定：我们放下了许多原本纠结的念头，不再一味简单地去向城区优秀学校看齐，不再为"人有我无"而烦恼，不再不停地抱怨孩子和家长不如城区的素养高、习惯好。我们开始立足华西村，谋划华西实验学校的发展。华西村作为全国新农村建设的一面旗帜，它的教育理所应当是新农村建设需要深耕的一个重要领域。我们着眼华西未来的发展，旗帜鲜明地确立了"培养永远的华西人"的育人目标；借鉴华西村数十年来经济赖以蓬勃发展的诚信经营理念，把"诚"作为校训，深深地镌刻在学校教育的每一个领域；依托长期以来形成的华西区域文化，梳理形成了学校"弘扬华西文化，润泽教育理想"的办学思想。

围绕着这样的定位和方向，我们坦荡地走在农村教育发展的路上，改革与丰富学校的课程设置，着力于教师队伍建设，不断改进教育教学行为。

在教改中，构建体现区域特色的课程体系

我校课程体系的设计与规划坚持从华西村的实际出发，坚持从学校育人目标出发。本着"布局要高远、更要接地气"的课程建设总原则，在华东师大专家的指导下，结合校情村情，构建了以华西精神为核心的德育课程、以生命生态为主题的综合课程、以地方文化传承为宗旨的社团活动课程组成的校本课程体系，学校教育教学呈现了生动活泼的可喜局面。

华西村的发展本身就是一本博大精深的教科书，我们充分挖掘其中的教育因素，本着"用华西景熏陶孩子，用华西话感染孩子，用华西人引领孩子"的思路，建立了内涵丰富、形式活泼的学校德育课程。学校建设了展现华西创业历程的"循迹长廊"，全面营造地方气息浓郁的环境文化，以此帮助学生树立正确的人生观、价值观；我们以"星级华西娃""华西好少年""华西好青年"等多样评价为导向，以"华西娃看华西""华西娃爱华西""华西娃建华西"系列教育活动为载体，

让华西文化走进学校、走入课堂、走近学生，增强学生为创造美好明天的责任感；我们持续开展"吴仁宝班"团队主题创建活动，宣传老书记"一心为集体、一生为集体"的精神，增强学生的团队意识、集体观念，让团队、集体成为一种促进学生健康成长的强大教育力量。

作为农村学校，我校在开展生命生态主题教育方面有着得天独厚的优势。我们以十余亩校内小农场和华西村农博园为基地，聘请校外专技人才开发种植养殖实践课程，让学生走进实践基地，亲手种植青菜、萝卜、蚕豆、小麦、水稻等作物，亲手采桑养蚕，孩子们流连于田间池旁，观察动植物生长的过程，感受生命的力量，体悟生命的美好；让学生参与农业实验，利用无土栽培技术种植蔬菜和瓜果，感知科技的力量，体悟生命的美好；让学生参与农业实验，利用无土栽培技术种植蔬菜和瓜果，感知科技的力量，培养科学探究的意识；让学生亲身参与种植实践，在播种、施肥、除草、除虫中，体验劳动的过程，提升实践的能力；让学生参与"采摘节""收获季"等各种活动，深度体验收获的喜悦，享受与人分享的快乐。我们还利用华西村工业发达的优势，组织职高部学生深入工厂企业，开展环境微课题研究，了解认识生态科学知识，强化学生的生态意识。生命生态主题课程的实施，不仅培养了学生的动手能力、科学精神和现代意识，更增强了学生学习兴趣，丰富了学生校园生活体验。

社团活动课程明确指向优秀文化传承，我们聘请校外专业人才担任兼职教师，形成了国学经典诵读、二胡锡剧弹唱、武术体操、抖空竹等项目的学校传统课程特色，以促进学生全面而有个性的发展。社团活动的开展，深受学生欢迎，学生参与热情高、参与面广，学校提出的"人人有爱好，个个有技能"得到了很好的落实。

在坚守中培育具有华西特质的教师团队

师资是学校发展根本保障。我们着重分析了"农村教师专业成长缓慢""学校对好教师缺乏吸引力""好教师留不住"的深层原因，依托华西村的有利因素，把重心放在培育集体精神、营造团队氛围上，在增强教师对学校的认同感、归属感和自豪感的前提下，促进教师专业发展。

依托多年来华西村形成的"在内集体精神鲜明强大、对外胸襟视野博大开阔"的区域文化特质，我们确立了"内外联动既重精神气质又重专业品质"的队伍建设策略。华西教师要有一种独特的内在精神。吴仁宝老书记扎根农村、服务基层的人生追求，激励教师树立正确的价值观与职业观。我校持续开展各种活动，引领教师领悟华西创业精华，认同华西集体价值，树立全心全意服务教育、服务学校、服务学生的宗旨。在思想政治、道德品质、学识学风上塑造教师独特的精神气质。基于我校 70% 左右为青年教师的校情，我们依托华西艺术团的艺术人才优势，成立了一个独特的民间组织——青年教师文艺爱好者协会。协会长期开展形式多样的活动，给年轻教师搭建了张扬个性的舞台，释放了青春的能量，为校园增添了活力，强化了集体的凝聚力。

教育需要坚守，我们不断提升教师专业品质，不断增强从教自信。我们利用华西村广泛的社会影响力，通过与教科研机构建立联系、与国内外先进学校结对等形式，把我们的教师融入优秀教师群体中，突破农村教师惯有的地域局限性，让我们的教师不断感受到"书还可以这样教""书应该这样教"的豁然开朗。向身边的同行学，向名校学，向名师学，这些做法极大地提升了教师的专业境界。我校"3+3+1"立体化的校本培训深受教师欢迎：三个骨干小组，即教育科研骨干小组、德育骨干组、教学骨干组；三个学习班，即新教师学习班、青年教师成长班、中年教师提高班；一个培训基地，即委托江阴市教师发展中心对我校教师进行整体打包培训。

在创新中，努力追寻适合农村孩子的教育

学校 70% 的学生为外来人员子女，这给办学带来了挑战。长期挂在校园的标语"万水千山总关情，外地学生一样亲"是我们庄重的承诺。我们还确立了"课堂教学向课后延伸、学校

教育向家庭拓展、教育教学向服务转型"的"全方位、大时空"的教育模式，保障了教育质量的稳步提升。

课堂教学向课后延伸。我们把重点放在了对困难学生的帮助辅导上，村里成立了专门为学生开放的少年宫，以此为平台学校组织教师为学生开展各方面的志愿者辅导活动，课外志愿辅导成为全校绝大多数教师工作的主要内容之一。这一做法，有力地帮助了来自全国各地学力程度参差不齐的每一个学生克服学业困难，确保了学校教学质量的整体推进。尤为可喜的是，课后大范围的帮困辅导活动大大融洽了师生关系，增强了学困生的学习信心。

学校教育向家庭拓展。我们着眼于提高家长对教育的认识和重视程度，要求教师"不仅要教会学生，还要会教家长"。我校很少开家长会，因为很难组织忙于打工的家长在同一时间到校交流，更多采取家访的老办法，利用大多打工家庭集中厂区、家校距离比较近的客观条件，一次次地走进学生家庭，影响家长、引导家长树立新的教育观念。我们在家长中间开展"优秀家训征集评比"活动，开办家长学校，印发家庭教育资料，指导家长重视家庭教育。密切的家校联系，帮助我们赢得了良好的口碑，我们感到最大的收获是来自家庭、社会对学校的教育信任，这也成为推动学校全面发展的一种重要力量。

教育教学向服务转型。由于父母忙于工作，接送孩子成了难题，有的家长更是经常性地置孩子的学习生活于不顾。于是，为学生、为家长提供相应的服务就成了教师和学校新的职能。我校要求教师主动介入孩子课外生活，积极为孩子创设课后活动时空，既解决了许多家长的后顾之忧，又最大程度地保护了孩子的成长。许多教师成了孩子心目中的大哥哥、大姐姐，持续的教育服务汇聚成了一种爱的氛围，感染了学生，感动了家长。

我们将根据新时代的要求，深化农村教育改革，助力新农村建设。目前，在利用企业优势办好职高部的同时，正启动高标准的华西幼儿园新建项目。届时，我们将形成可供 5000 余名学生接受从学前到高中教育的办学规模，这必将为华西村新的转型发展贡献一份努力。

发表于《人民教育》，2018 年第 2 期，收录时有改动

追忆我的爷爷吴仁宝

　　吴仁宝，在江南乃至全国都是一个家喻户晓的名字，华西人都亲切地叫他"老书记"。因为自己是他的亲孙女，更多了一层血缘亲情，情感无疑也更深了一层。爷爷去世后，这种感情不仅没有淡化，反而随着时日更深。尤其这些年自己需要独立面对种种困难，经历了焦虑、恐慌，有时甚至深感缺乏安全感……每每此时，总会在梦中见到亲爱的老书记，醒来总是泪水涟涟，心情沉重。一直以为这些年的挫折、经历，足以让自己坚强，可是想起老书记，依然会泪流满面。

　　也许习惯了被呵护，自己很少需要独立抉择和反思，更无需对他人有换位思考的包容，直到老书记离开，需要完全独立行走了，我才渐渐开始理解老书记的一切，才开始能读懂他的"语录"——《吴仁宝箴言》。

　　自己从混沌到开悟，应该是 2010 年的元月前后。记得是在农历春节的前夕，老书记照例给我们召开家庭会议。记得那天晚上，老书记对我们说："你们不知道，这三天，我轻了整整十几斤。三天前，我眼睛也突然看不见了。我心里也着急呀，可怎么办呢？"这是多么可怕的事情，爷爷一定病得不轻。但如此沉重的话题从老书记嘴里说出来时竟然带有几分幽默风趣，语气听起来也和往常一样带着轻松愉悦。爷爷见大家着急，安慰说："现在好了，上海医生来给我打了针。那个针是真疼，要打三针，我实在疼得吃不消，还有一针坚决不打了！"尽管他尽可能用轻松的语气讲述这三天的病痛经历，但我还是真切感受到了他的故作轻松。

听着他的讲述，仔细观察爷爷，突然发现他真的老了，额头上的皱纹明显增多，眼睛里也没有了往日的神采。精力充沛、德高望重的老书记真的出问题了。忽然，心里有一个声音在告诫我："一定要把老书记永远留下来！"如果将来爷爷真的不在了，能留下些什么呢？自己竟然在开会时走神开了"小差"。

想为爷爷写一首歌，写出自己的心声。

很幸运，认识《好日子》的作曲家李昕老师，很快就和他联系上了。我跟李昕老师谈了自己的想法，他很爽快地答应了。那天晚上，和李昕老师一直通电话讨论歌曲的创作，以致满格的手机一直打到没了电。不过，歌词内容基本敲定，歌名也确定了，就叫《老书记》。

创作肯定需要经费，于是我和儿子商量，是否用他的压岁钱为老书记写首歌曲？没想到儿子马上同意，而且特别高兴。歌曲在创作期间一直是保密的，虽然自己没有任何目的，但还是因为担心他人有看法而有所顾虑。其实，在我心里就是担心老书记一天天老去，哪天真的离开我们了，希望将来华西的后代还能在唱着这首歌时，知道华西有位老书记，叫吴仁宝，是他带领华西人艰苦奋斗奔小康，才有了今天富裕幸福的生活。另外，这首歌也算小辈送给长辈的一份新年礼物吧。

《老书记》词曲都有了，但是让谁来演唱呢？在选择歌唱家时，我决定邀请一位充满阳光和正气的歌唱家，他在我心里是演艺圈不可多得的正面形象。

好在我的老朋友、词作家车行和这位歌唱家比较熟悉，因此从歌曲创作，到拍摄 MV 进行得都很顺利。而我自己似乎也在这个音乐作品的创作过程中被唤醒了，被洗涤了，完成了思想的蜕变，精神也得到了升华。缘起却是因为歌唱家的一个独特的兴趣爱好。

那天，歌唱家的助理跟我说，他有个爱好，喜欢收集各地的酒瓶，让我准备一瓶华西酒，并请老书记签名后送给他。对我而言，这也太简单了，不就一瓶酒而已。于是，我拿了一瓶华西酒去找老书记签名了。爷爷就在自己那间办公室兼卧室的沙发上坐着，平时他总是这么个姿势：抽烟，思考，或看电视新闻。

"爷爷，演唱《老书记》的歌唱家想要有一瓶您签字的华西酒，酒我带来了，您签吧！"

本以为他会非常爽快地拿过笔就签，没想到他竟然迟疑了。我第一次听见爷爷用缺少自信的语调和我商量："啊呀，怎么办，我眼睛看不见呀！"我以为他怕自己写在酒瓶上的字不好看故意推脱，就鼓励道："没关系，我帮您扶好就是！""好吧，那我就试试！"老书记居然那么听话。但是，看着他一边写，我眼泪就流下来了。

"吴"字写得还算像个字，但后面两个字就完全看不出是什么了。这时候我才意识到，爷爷的眼睛真的看不见了。可他自己不是说已经好了吗？上海的医生不是已经为他做了治疗吗？三月份不是还去北京 301 医院检查了吗？难道根本没有任何好转？爷爷其实半年来一直是在基本失明的状态下坚持工作啊。一位 80 多岁又基本失明的老人，为了华西，为了百姓，每天比一个健康人还要辛苦。难怪他在民族宫给来华西的游客们宣讲时几次跌倒……我坚强的老书记啊，您怎么一直隐瞒真情，让我们以为您一直健康，以为您可以长命百岁。

不过，既然爷爷不愿意别人知道真实情况，我就应该保守秘密，维护他的自尊。所以，当他问我写得怎么样时，我故作轻松地回答："写得挺好！"离开前，他又提醒我，要好好接待客人，一定要热情周到。我一边流着眼泪，一边离开了。

然而我该怎么办？难道真的把这瓶酒送给那位歌唱家？当然不行。于是我重新拿了一瓶华西酒，去找爷爷的堂弟吴仁彪，最后是他代替爷爷签了名字。直到现在，歌唱家仍然毫不知情，依然认为酒瓶上的签字是吴仁宝的亲笔。而那瓶被爷爷签得乱七八糟的华西酒，则被我收藏在书柜里，和最珍爱的书籍放在了一起。每次想起爷爷，我就会看看这瓶他签字的华西酒。

因为这件事，我更真切地感受和理解了爷爷，开始有了思考，我意识到一个人来到世上是负有责任的，应该尽可能做些

有益于社会的事，应该不忘初心，感恩做人，敬业做事。后来
尽管工作中遇到一个又一个困难，但每次想起爷爷双目失明仍
坚持工作，为了大华西的共同富裕生命不息、奋斗不止，自己
就有了迎难而上的勇气和力量。

发表于《江南文化》，收录时有改动

后 记

掩上书稿，我仍然忍不住思绪万千。

自己的前半生好像重新过了一遍。离开我躬身耕耘十六载的学校，便开启了我的后半生。

离开学校，我才有时间和机会回首往事；离开学校，我才能痛定思痛捋清头绪；离开学校，我才会开启研究老书记的工作，让我获取新的能量。

有人替我不值，认为我总是在为他人作嫁衣。

祸兮？

从众多烦琐的事务脱身出来后，我才清醒地认识到，我这些年每天忙忙碌碌，成就了很多人的同时，却在不断失去自己。没有延续自己的兴趣爱好，没有娱乐时间，没有足够关爱家人，没有好好提升自己，没有了我的"诗和远方"……每天，脑子里全是学校的师生及一切大小事务。我的生活里全是工作。

也有人说，这个时候离开挺好，趁早享受"退休"生活。

福兮？

突然转身离开，我也有过不解，甚至迷茫。幸好，我及时从愤懑中抽离出来。这两年多来，我几乎风雨无阻，每天清晨坚持看书、学习、做笔记；我乐此不疲地去拜访良师益友，与他们深入交谈；我时不时放空自己，外出学习新知识和旅游散心。

刚过知天命之年，我怎么会这么早就"退休"了呢？

近两年来，我在不断和华西老一辈人的聊天中，越来越能感同身受那段战天斗地的辉煌史，为他们在奋斗中结成的真挚情谊而感动。但是在和年轻人的交谈中，我又发现那段历史似乎逐渐要被淡忘，华西精神、吴仁宝精神正在慢慢地被抛弃，我为此而感到焦虑和不安。

作为老书记的长孙女，作为生于斯、长于斯的华西女儿，我对华西这片土地怀有最深厚的感情。我怎么能坐视不理？我岂能置身事外？

习近平总书记一贯重视精神的力量，多次谈及中国共产党人精神，如红船精神、井冈山精神、沂蒙精神、长征精神、西柏坡精神等。他不断强调，实现中国梦，必须弘扬中国精神。那我们华西的梦想和未来是什么呢？要实现华西的再辉煌，要弘扬什么精神呢？毫无疑问，我们的华西精神应该屹立不倒，老书记的精神应该继续发扬。

当务之急就是要把老书记精神研究确立起来！

说干就干，在与江南大学、南京大学、华东师范大学、北京大学等高等学府几十名专家逐一沟通后，我坚定了要成立一个专门研究吴仁宝的机构的愿望，我要成为一个坚定的老书记精神的传承者和宣传者。2023年正好是爷爷去世十周年，自这年的1月29日起，我便开始为机构的成立而奔波。

因为各种原因，我上上下下、前前后后奔波了近两个月，机构的成立毫无进展。尽管有打退堂鼓的心思，但是我没有真的泄气。没有正规的机构，也不阻碍我做事情的决心。

我总是做一行爱一行。在困难重重之下，我只好摸着石头过河，本着发现问题、解决问题的原则，我们的研究工作从无到有，一次次活动开展得有声有色。那一年来，我带着几个志同道合的村民，我们在相关领导和专家的支持下举办了"我心中的吴仁宝老书记"小视频比赛、"中国式现代化华西实践——吴仁宝"专题研讨会、纪念老书记诞辰95周年主题"学习吴仁宝 奋进新时代"的朗诵会和座谈会……活动吸引了村民乃至外地大学生的踊跃参加，当年老书记开大会那种振奋人心的时光好像又回来了。

这些活动中，最让我回味的还是在2023年世界读书日之际成立的"吴仁宝读书会"。读书会刚成立时，反对声音不断，支持者寥寥。我只好以身作则，拿出当初在学校创办读书会的干劲，坚持读书，不放弃劝说身边每一个人，用我有限的力量去影响他们……功夫不负有心人，读书会从零星几个人，到越来越多人坚持几个月不间断参会学习，华西村的读书和学习氛围逐渐浓厚起来。

我的不放弃，我的坚定信念，终于在 2024 年 1 月 26 日迎来成果——江阴市吴仁宝研究会注册成功。我以为我会喜极而泣，但是这一年的磨砺让我已经没有了当初的冲动和激动，因为我一直相信，吴仁宝研究即使没有官方认证，也已经是我后半生的事业，也一定能得到越来越多人的认可。

我喜欢的作家茨威格说：一个人，只有经历了光明与黑暗，战争与和平，兴盛与衰亡，他才算是真正活过。

江阴市吴仁宝研究会的成立就像让我获得了重生。之前的一年，我遇到了前所未有的挫折，但也因此越战越勇。

我又乘胜追击。我们吴家子孙要以身示范。2024 年 1 月 28 日，我召集了我们吴家第三代子孙在吴仁宝研究会签订备忘录。我倡议，在以后每年 3 月 18 日——爷爷去世的日子，我们都要聚在一起开展座谈交流会，以纪念我们敬爱的爷爷奶奶，缅怀爷爷全心全意为人民服务的大爱精神、奶奶全心全意默默照顾家庭的奉献精神，传承和延续吴仁宝家庭的优良家风。弟弟妹妹们积极响应，都在会上做了认真发言。

亲人的支持让我感受到了血脉相连的力量。

为了弘扬吴仁宝老书记的精神，为了展示我们华西的乡村教育，我将二十多年来写的日记进行编辑、整理和补充，写下了这部书稿，全书完整记录了我与华西教育的故事。乡村教育不仅是我多年来拼搏奋斗、倾心投入的事业，更是我不断领悟、成长的心灵之旅。在乡村教育这片广袤的土地上，我一路探索、一路实践，恰似在海滩上拾取那一枚枚五彩斑斓的贝壳，每一次俯身，都收获着独特的感悟与经验。

这一路走来，我的乡村教育实践就是一场充满惊喜与收获的拾贝之行。每一个教育故事、每一次与老师和学生的交流、每一项教育举措的实施，都如同那闪闪发光的贝壳，承载着希望与梦想。我只愿自己多年来在乡村教育领域的探索与实践，能为乡村振兴尽一份绵薄之力。

在此，我满怀感恩之情，感谢各级领导对华西教育的关心和支持。感谢所有关心、支持我的亲人、朋友。是你们的监督让我时刻自省，你们的鼓励赋予我勇气，你们的爱护给予我温暖，让我能够在前行的道路上无畏无惧。

我的儿子，他是我生命中最珍贵的礼物，是我源源不断的动力源泉。感谢他对我的理解与信任，在陪伴他成长的过程中，我也变得更加坚强、勇敢，对生活和教育有了更深的感悟。

同时，衷心感谢毛丽冰女士在本书写作、出版过程中提供了帮助。

还要感谢出版社的林荣芹副总编。我们一见如故，在他的鼓励、信任和协调下促成了此次合作。此外，要感谢本书的编辑张岳全老师和杨佳宜老师，他们提出了非常有价值的专业修改意见，我完全接受和认可。

更要感谢那些多年来和我一起并肩作战，为乡村教育默默奉献的同事们。

未来的事业仍然荆棘密布，前行的道路抑或坎坷不平，但是我已无所畏惧，我将继续追寻着老书记的足迹，大踏步前进。

吴　洁